TRANSPARENT

Band 35

V&R

Dr. habil. Jürgen Guthke ist Professor für Psychologie und Geschäftsführender Direktor des Instituts für Entwicklungspsychologie, Persönlichkeitspsychologie und Psychodiagnostik der Universität Leipzig.

Jürgen Guthke

Intelligenz im Test

Wege der psychologischen
Intelligenzdiagnostik

Mit 15 Abbildungen

Vandenhoeck & Ruprecht
Göttingen · Zürich

Die Deutsche Bibliothek – *CIP-Einheitsaufnahme*

Guthke, Jürgen:
Intelligenz im Test : Wege der
psychologischen Intelligenzdiagnostik /
Jürgen Guthke. – Göttingen ; Zürich :
Vandenhoeck und Ruprecht, 1996
(Transparent ; Bd. 35)
ISBN 3-525-01725-1
NE: GT

Umschlaggestaltung: Rudolf Stöbener

Umschlagabbildung:
Hans Gottfried von Stockhausen, *Zug durch das Rote Meer*,
1961, Braunschweig, St. Magni (Ausschnitt)

Das Werk einschließlich aller seiner Teile ist urheberrechtlich
geschützt. Jede Verwertung außerhalb der engen Grenzen
des Urheberrechtsgesetzes ist ohne Zustimmung des
Verlages unzulässig und strafbar. Das gilt insbesondere für
Vervielfältigungen, Übersetzungen, Mikroverfilmungen und
die Einspeicherung und Verarbeitung in elektronischen Systemen.
© 1996 Vandenhoeck & Ruprecht, Göttingen
Printed in Germany
Schrift: Palatino
Satz: Text & Form, Pohle
Druck und Bindung: Hubert & Co., Göttingen

Gedruckt auf chlor- und säurefreiem Papier

Institut für Erziehungswissenschaft
Universität Bonn

48.467

Inhalt

Für wen wurde dieses Buch geschrieben? 7

TEIL I: Der herkömmliche Intelligenztest 11

Wozu braucht man Tests? 11
Die Sphinx als erste Testerin 19
Test als Experiment 23
Die ersten Intelligenztests und ihre Folgen 29
Wie wird heute Intelligenz getestet? 38
Die Suche nach kulturfreien und fairen Intelligenz-
    tests 48
Wie wird ein Test »konstruiert«? 55

TEIL II: Alternativen zum herkömmlichen
          Intelligenztest 69

Der »maßgeschneiderte« Test 69
Kreativitätstests 72
Computerspiele und komplexes Problemlösen
    als Tests? 80
Theoretisch besser fundierte Intelligenztests – oder:
    Warum ist die einfachste Lösung auch die
    intelligenteste? 85

Reizverarbeitung, Informationsverarbeitungs-
  geschwindigkeit und Kurzzeit-Gedächtnis als
  »basale Intelligenzkomponenten« und deren
  Testung 94
»Praktische Intelligenz«, »Soziale Intelligenz« und
  »Weisheit« – die im Test vernachlässigten
  Schwestern der »akademischen Intelligenz«? 104
Sind Intelligenztests trainierbar? 111
Lerntests – eine neue Form von Intelligenztests 114
Neuropsychologisch fundierte Intelligenztest-
  batterien 135

TEIL III: Die »bell curve« und der Mißbrauch
          von Intelligenztests 141

Literatur 151
Lösungen 164

Für wen wurde dieses Buch geschrieben?

Über Tests wird seit langem heftig gestritten – unter Wissenschaftlern wie in der Öffentlichkeit. Auf dem Buchmarkt sind bisher vorwiegend zwei Typen von Testbüchern zu finden: populär gefaßte »Testknacker« und wissenschaftliche Fachbücher. Dieses Buch will allen Interessierten die wissenschaftlichen Grundlagen des Testens in allgemein verständlicher Sprache zugänglich machen. Gedacht ist nicht nur an die Studierenden der Psychologie, Pädagogik, Medizin, Soziologie und Nachbarwissenschaftler und Kooperationspartner der Psychologen – also vor allem Ärzte, Pädagogen, Juristen, Soziologen, Theologen, Personalfachleute – sondern auch an den Leser und die Leserin, die einmal selbst mit Tests als »Testand« unmittelbar in Berührung kommen könnten, etwa als Kraftfahrer in einer verkehrspsychologischen Begutachtungsstelle, als Patient oder Rentenantragsteller in einem Krankenhaus, bei der psychologischen Berufsberatung im Arbeitsamt, als Bewerber für einen Arbeits- oder Ausbildungsplatz oder als Eltern eines hochbegabten oder lernschwachen Kindes, das in einer Beratungsstelle auch mit Tests untersucht wird.

Als kleiner »Wegweiser« und Vorstrukturierungshilfe für die Leserin und den Leser sei darauf hingewiesen, daß ich mit Anwendungsfragen und einem kurzen historischen Überblick über die Testentwicklung beginne. Dann schildere ich ausführlicher traditionelle, in der Praxis viel benutzte Intelligenztests und neue Möglichkeiten der Testung, die zur Zeit noch stark diskutiert werden, die aber nach Meinung des Autors in den nächsten Jahrzehnten die »alten Tests« mit ziemlicher Sicherheit verdrängen werden.

Allen Tests ist gemeinsam, daß in einer relativ kurzen Zeit eine Leistungsstichprobe durch den Psychologen erhoben wird, die ihm gewisse Rückschlüsse auf solche bekanntlich nicht direkt sichtbaren und meßbaren Eigenschaften wie »Intelligenz«, »Ausdauer« oder ähnliches erlauben soll. Im Text wird geschildert, wie solche Leistungsstichproben gewonnen werden, beschaffen sein müssen und was man bei der Durchführung der Tests und bei der Interpretation der Ergebnisse beachten muß, damit dieser Rückschluß wissenschaftlich gerechtfertigt ist. Wir werden auch aufzeigen, welche »Störfaktoren« diesen Rückschluß erschweren und was man alles falsch machen kann, wenn man allzu eilfertig Tests konstruiert, anwendet und auswertet. Schließlich muß auch auf die große Gefahr hingewiesen werden – und auch dafür werden erschreckende Beispiele zu nennen sein –, daß man Tests so wie andere wissenschaftliche Methoden und Erkenntnisse gegen Menschen mißbrauchen kann. Insgesamt gesehen wird der Leser am Schluß des Buches wahrscheinlich den Eindruck gewinnen, daß der Autor einen »vorsichtigen Optimismus« und vermittelnden Standpunkt im Hinblick auf die Möglichkeiten der Intelligenz- und Leistungstestung in der Gegenwart und Zukunft vertritt. Dem absoluten Testgegner (solche gab und gibt es unter den Psychologen und auch in der Öffentlichkeit) wird das Bild zu rosig gemalt erscheinen; dem absoluten Testbefürworter (»Testologen«), der nur in den Tests die eigentlich wissenschaftlich vertretbaren Methoden zur Menschenbeurteilung sieht, wird die teilweise auch sehr kritische Sichtweise nicht behagen, so daß ihm das von uns entworfene Bild zu schwarz erscheint. Vielleicht ist aber für manche Leser das Bild auch noch zu verschwommen und unscharf ohne eine vorherige »Sehhilfe«. Deswegen sei auch gleich einleitend der grundsätzliche Standpunkt des Autors, der sich sowohl als Hochschullehrer forschend und lehrend als auch als ehemals praktisch tätiger Psychologe in der täglichen Berufsroutine mit Tests auseinandersetzen mußte, dargestellt.

Ein Mensch ist hinsichtlich seiner Eigenschaften gewiß diagnostisch am sichersten und besten zu beurteilen, wenn man ihn über eine möglichst lange Zeit in möglichst vielen Situationen und unter möglichst vielen Anforderungen des alltäglichen Lebens in seinen Handlungen, Leistungen und Äußerungen vielfältigster Art beobachten kann. Manchmal wird auch formuliert: Der Lebenslauf und die Lebensleistungen eines Menschen sind der beste Test. Aber der Psychologe muß in seiner beruflichen Praxis oft in relativ kurzer Zeit und nach relativ wenig Beobachtungsmöglichkeiten Aussagen über Menschen treffen, die eine Diagnose und Prognose erlauben. Es geht hierbei vor allem um die wissenschaftliche Fundierung von Beratungen und Entscheidungen im Hinblick auf den schulischen und beruflichen Lebensweg und auch hinsichtlich notwendiger Behandlungen im weitesten Sinne des Wortes (siehe hierzu auch weiter unten). Die hier anzuwendende *Psychodiagnostik* bedient sich vielfältiger Methoden, vor allem auch des Gesprächs (der sogenannten Exploration) mit dem Betroffenen und seinen Bezugspersonen (Eltern, Ehepartner, Kollegen usw.) – oft auch unter Einbeziehung der gesamten Bezugsgruppe (z.B.: in der Ehepaar- und Familientherapie) – und der Verhaltensbeobachtung in natürlichen Situationen. Zur möglichst exakten und nicht zu zeitaufwendigen Beantwortung ganz spezieller Fragen benötigt der Psychologe aber (wie der Arzt) unbedingt auch das Prüfungsexperiment, also den Test. Dabei ist es eine ganz andere Frage, die ich in diesem Buch auch offen diskutieren werde, ob und inwieweit die gegenwärtig gebräuchlichen Tests all den in sie gesetzten Erwartungen heute schon gerecht werden und welche Schlüsse man wirklich aus solchen Tests ziehen kann. Trotz aller »Hochs« und »Tiefs«, die es in der Psychologie und auch in der allgemeinen Öffentlichkeit in der Einschätzung von Testverfahren gegeben hat, trotz aller Argumente gegen Tests, die aus unterschiedlichsten Motivationen, Erfahrungen und theoretischen Überlegungen gespeist werden – auch hierüber wird im Buch zu informieren sein – hat der Test in der Vergangenheit und in der Gegenwart seinen festen Platz im Methodeninstrumentarium des Psychologen behauptet und wird es gewiß auch in der Zukunft tun. Dabei ist aber gleichzeitig zu beachten, daß – wie in jeder Wissenschaft – auch in der Psychologie die Forderung nach neueren und besseren Meßinstrumenten – hier also Tests – mit Recht besteht und daß Innovationen dringend erforderlich sind. Mindestens ebenso wichtig ist aber, daß man Tests richtig anwendet und auswertet, denn auch das beste Instrument wird in der Hand des Unkundigen nichts taugen. Darüber wird in diesem Buch allerdings nur in groben Zügen diskutiert werden können. Die richtige Testanwendung und Testinterpretation und natürlich auch die Testkonstruktion durch Psychologen erfordern Kenntnisse in den Grundlagendisziplinen der Psychologie – also vor allem in Allgemeiner und Persönlichkeitspsychologie, Methodenlehre und Meßtheorie, Sozialpsychologie, Entwicklungspsychologie und Psychopathologie, die beim Laien natürlich nicht vorauszusetzen sind, hier aber nicht dargestellt werden können.

TEIL I
Der herkömmliche Intelligenztest

Wozu braucht man Tests?

Es gibt nicht wenige Begriffe, die über die Psychologie in unsere Umgangssprache gelangt sind. Man denke etwa an solche Begriffe wie Frustration, Streß, Unbewußtes, Komplexe, Verdrängung und eben auch Test. Das eingedeutschte Wort »Test« leitet sich ab von dem englischen Wort »test« (dieses stammt wieder ab von dem lateinischen Wort testimonium), das im Englischen auch »Probe« (Stichprobe), Zeugnis, Prüfung, Versuch, Experiment bedeutet. Da wir heute in unserer Umgangssprache die Worte »Test« und »testen« auch außerhalb der Psychologie verwenden – zum Beispiel testen wir einen Wagen auf seine Fahreigenschaften, wir testen bestimmte Substanzen, Prüfungen werden als Testate bezeichnet – ist zu betonen, daß der Begriff »Test« zunächst in der Psychologie Verbreitung fand, und zwar im Sinne des sogenannten Psychotests. Zur ersten Verständigung wollen wir den »Psychotest« als diagnostisches Prüfexperiment des Psychologen definieren, mit dem er in von der Instruktion und Aufgabenstellung her weitgehend standardisierten Situationen Informationen über die Fähigkeiten (Intelligenz, Begabung), Kenntnisse, Fertigkeiten, Einstellungen und Charaktereigenschaften von Menschen gewinnt. Tests können aber auch dazu dienen, momentane Stimmungen und Zustände sowie psychische Störungen bei Menschen zu diagnostizieren. Eine spezielle Gruppe von Tests läßt die Beziehungen der Menschen in einer Schulklasse, Ehe, Familie oder anderen Gruppen erkennen. Der praktisch tätige Psychologe kann heute ohne solche Tests seine psychodiagnostische Arbeit nicht mehr zeitökonomisch und wissenschaftlich begründet durchführen. Wenn er über Tests spricht oder diese anwendet, begegnet er insbesondere bei Menschen, die schon etwas über Tests gelesen oder gehört haben, entweder einer fast ehrwürdigen Scheu (manchmal sogar Angst) vor diesem geheimnisvollen »Seelendurchleuchter« oder aber Vorbehalten und Skepsis. Es sei hier nicht verschwiegen, daß manche Publikationen von Psychologen und Pädagogen zu dieser sehr skeptischen Haltung vieler Menschen beigetragen haben. So heißt es etwa bei Grubitzsch und Rexilius (1978, S. 167): »Aufgrund von Tests abgegebene Urteile, Gutachten und Empfehlungen haben sachlich gesehen keinerlei Berechtigung. Sie sind, sieht man genau hin, ein zu mächtiger Größe aufgeblasener Schwindel.« Dabei haben dieselben Autoren (s. Grubitzsch und Rexilius 1978, S. 167) trotz ihrer insgesamt sehr kritischen Haltung gegenüber der »Testerei« an anderer Stelle darauf hingewiesen, daß Tests in der Klinik »unbedingt notwendig« sind und daß der Test zum Vorteil der Getesteten benutzt werden kann und heute in der Praxis des Psychologen meist nicht zu umgehen sind (Grubitzsch 1991). Auch »Testanwender wider Willen« sollten sich durch eine »gründliche Kenntnis der Methodenkritik« nicht vom Handeln abhalten lassen, sondern in ihrer Praxis reflektiert mit Tests umgehen.

In den USA klagen nicht wenige Menschen über die »Tyrannei des Testens«, wie auch ein Buch von B. Hoffmann (1962) heißt. Dies wird um so mehr verständlich, wenn man erfährt, daß bereits 1966 ein Experte schätzte, daß allein 150 Millionen (manche Experten schätzen sogar eine Viertelmilliarde) Leistungs- und Intelligenztests jährlich in den USA durchgeführt werden. Hinzu kommen die vielen Testuntersuchungen mit klinischen Tests, die bei Patienten mit psychischen Störungen durchgeführt werden, und viele andere Testungen (z.B. zur Verkehrstauglichkeit). Dieser »Testboom« und die oft fragwürdige Nutzung und Interpretation von Testergebnissen, über die ich in diesem Buch noch ausführlicher berichten werde, führten zu einer starken »Anti-Test-Bewegung«, die sich in öffentlichen Testverbrennungen und auch in von Betroffenen angestrengten Gerichtsprozessen gegen die Testverwendung äußerte.

Die massive Kritik wird einerseits von einer mehr »linken«, kapitalismuskritischen Grundposition her geübt, wobei Tests als Herrschafts-, Selektions- und Ausgrenzungsinstrumente der »herrschenden Klasse« gegenüber den »Unterdrückten, Unterprivilegierten, kulturellen Minoritäten« aufgefaßt werden. Bei Grubitzsch (1991, S. 63) heißt es Tests »sind dem sozialdarwinistischen Prinzip der Auslese und dem monetären Optimierungsprinzip« verpflichtet. Andererseits gibt es die Kritik von »ultrarechts«. So waren Tests bei den nationalsozialistischen Machthabern nicht beliebt. Faschistische Auswahlprozeduren wären gefährdet worden, wenn man »dort Intelligenz diagnostiziert hätte, wo nach rassischer Ideologie keine zu sein hatte« (Schmid 1977, S. 33, s. auch Ingenkamp 1981). »Objektiv-empirische Methodik im Bereich der Intelligenz- und Leistungsdiagnostik war solchen Versuchen weitgehend hinderlich, mit subjektiver ›Wesensschau‹ ließen sich die tatsächlichen Ziele nationalsozialistischer Politik im Bereich von Schule und Berufsausbildung besser verschleiern, so zum Beispiel dort, wo dem Diagnostiker die Aufgabe zukam, geistige und seelische Eigenschaften mit genetisch verankerten Rassenmerkmalen in Verbindung zu bringen und danach zu selegieren« (Schmid 1977, S. 154). Vertreter der ultrakonservativen Amerikanischen Legion verbrannten in den USA in den 50er Jahren Tests, da sie ihren rassistischen Ideen widersprachen. Andererseits hofften in den zwanziger Jahren ultrarechte Kreise, die ersten Intelligenztests zur Untermauerung ihrer rassistischen Theorien benutzen zu können (s. hierzu später). Bei Stalin waren Intelligenztests streng verboten, aber wiederum aus anderen Gründen, die weiter unten diskutiert werden sollen.

Wer kommt heute in Deutschland mit Tests in Berührung? Ein in seiner Entwicklung auffälliger Säugling wird durch Kinderpsychologen getestet, damit Störungen rechtzeitig erkannt und behandelt werden können. Sollte er als Schulanfänger durch psychische Rückstände oder psychische Auffälligkeit bei der Schulaufnahmeuntersuchung als »Problemfall« identifiziert werden, wird er zur genaueren Abklärung einem Schulpsychologen überwiesen, der im Rahmen seiner umfassenden diagnostischen Untersuchungen in der Regel auch Tests einsetzt. Hat er als Schüler größere Lernschwierigkeiten oder macht er erhebliche erzieherische Probleme, leidet er unter körperlichen Beschwerden und Symptomen, für die der Kinderarzt keine organische Ursache findet, wird er zum Schulpsychologen, zum Psychologen einer Beratungsstelle oder einer Kinderklinik überwiesen, der auch Tests einsetzen wird, um das Persönlichkeitsbild des Betroffenen und die Ursachen für die »Beschwerden« besser abklären zu können. Das könnten auch intellektuelle Über- oder Unterforderungen in der Schule sei, die mit Hilfe von Tests besser erkennbar sind. Ist der Schüler trotz aller Bemühungen nicht in der Lage, dem Unterricht in der Normalschule zu folgen, wird er Sonderschulpädagogen und Psychologen vorgestellt, die wiederum unter Zuhilfenahme von Tests den Grad der Intelligenzschädigung näher bestimmen, um die Berechtigung der Überweisung in eine Förderschule genau zu prüfen.

In den letzten Jahren wird verstärkt international und auch in unserem Land das Problem der rechtzeitigen Identifikation und Förderung von Hochbegabten diskutiert. Dabei wird zunehmend mehr von den Psychologen verlangt, daß sie auch (allerdings nicht nur) durch Tests bei dieser Suche nach den »Geschenken der Natur an die Menschheit« (Marx) mithelfen. Es ist bekannt, daß sich nicht jede Hochbegabung auch in hervorragenden Schulleistungen zeigen muß. Tests könnten eine zusätzliche Sonde bei dieser Hochbegabtensuche sein.

Beendet der Schüler nun seine Schulzeit und ist sich nicht recht im klaren darüber, für welchen Beruf er sich wirklich interessiert und wofür er geeignet ist, geht er vielleicht zur Berufsberatung beim Arbeitsamt. Der dort tätige Psychologe wird ihm aufgrund einer individuellen Untersuchung seines Interessen- und Eignungsprofils auch bestimmte Berufsempfehlungen geben.

Viele Banken, Betriebe und auch Institutionen des öffentlichen Dienstes setzen sogenannte Auslesetests ein, um entweder im Sinne einer »Tauglichkeitsprüfung« gewisse Mindestvoraussetzungen zu prüfen, die ein bestimmter Berufsbewerber auf physischem und psychischem Gebiet erfüllen muß, oder um bei einem Überangebot von Bewerbern die Geeignetsten herauszufinden. Auch für gewisse Numerus-Clausus-Fächer sind ja seit Jahren solche Eignungstests in Verwendung. Im Rahmen dieser »Auslesetests« werden neben spezifischen Kenntnis- und Fertigkeitstests, Konzentrations- und Reaktionstests auch Intelligenztests angewandt, daher seien sie hier kurz erwähnt. Ihre spezielle Darstellung und Kritik (gerade sie sind wegen ihrer Selektionsfunktion vorwiegend im Interesse der Auftraggeber besonders stark umstritten) muß aber einer anderen Publikation vorbehalten bleiben (s. hierzu sachlich informativ: Hilke u. Hustedt 1996 und sehr kritisch und im Sinne eines »Testknackers« für Auszubildende Hesse u. Schrader 1985). Die Verwendung von Intelligenzsubtests in solchen Eignungs- und Auslesetests wurzelt vor allem in der in vielen umfangreichen Studien und »Meta-Analysen« über diese Einzelstudien (ref. in Schuler 1988) gewonnenen Erkenntnis, daß allgemeine Intelligenztests unter den vielen überprüften »Prädiktoren« (»Vorhersageinstrumente«) für die spätere Berufsbewährung in den mannigfaltigsten Berufsfeldern noch die zuverlässigsten Prognosen erlauben.

Auch im mittlerem und vor allem späterem Erwachsenenalter kann es sein, daß man noch mit Tests konfrontiert wird.

Ein schon etwas älterer Patient hat besondere Schwierigkeiten, seine täglichen Berufspflichten – vielleicht in einer sehr verantwortungsvollen Leitungsfunktion – noch zu erfüllen. Er glaubt, daß er sich nicht mehr wie in früheren Jahren konzentrieren kann und ihn immer häufiger sein Gedächtnis im Stich läßt. Es könnte auch sein, daß er große Umstellungsschwierigkeiten auf neue Berufsanforderungen hat. Eine Situation, die mit der Einführung der modernen Technik bei älteren Arbeitnehmern gar nicht so selten vorkommen dürfte. Oft macht man sich hier als älterer Mensch unbegründet Sorgen, glaubt zu sehr an Vorurteile (wie z.B.: Mit dem Alter läßt eben das Gedächtnis und die Intelligenz nach), und in Folge des verminderten Selbstvertrauens kann es nun tatsächlich zu Leistungsstörungen kommen. Hier hilft manchmal schon eine Untersuchung beim Psychologen, der Intelligenz-, Gedächtnis- und Reaktionsfähigkeitstests durchführt, die Ergebnisse mit Altersnormwerten vergleicht und dann dem Ratsuchenden vielleicht mitteilen kann, daß seine Leistungen durchaus im Normalbereich liegen, er also keinen Grund zur Sorge haben muß. Bei manchen Patienten sind allerdings aufgrund verschiedener Erkrankungen, die ab dem 45. Lebensjahr häufiger auftreten (z.B. cerebrale Durchblutungsstörungen, vorzeitige Hirnabbauprozesse, präsenile Demenz), oder als Folge eines Schlaganfalls tatsächlich Störungen der Leistungsfähigkeit zu diagnostizieren, die bestimmte therapeutische Maßnahmen, eventuell Arbeitsplatzwechsel oder in Einzelfällen sogar die Frühinvalidisierung erforderlich machen. Gerade bei Menschen mit solchen Störungen ist es nach von ihnen verursachten Verkehrsunfällen auch erforderlich, in einer verkehrspsychologischen Untersuchung klären zu lassen, ob sie ohne Gefährdung ihrer eigenen Gesundheit und der anderer Verkehrsteilnehmer noch als Kraftfahrer am Verkehrsgeschehen teilnehmen können.

In allen skizzierten Fällen der Testanwendung wird angestrebt, daß der Test stets sowohl den Untersuchten als auch der Gesellschaft dient. Der Test wird also nicht gegen den »Getesteten« angewandt, auch wenn er dies im Einzelfall – wenn ihm beispielsweise aufgrund auch testmäßig festgestellter erheblicher Mängel in der Aufmerksamkeit und Reaktionsfähigkeit bei der verkehrspsychologischen Untersuchung der Führerschein entzogen werden muß – zunächst durchaus nicht einsieht und gegen diese angebliche Diskriminierung »Sturm läuft«. Tests sollten in der Regel nur von Fachpsychologen angewandt werden, die über die Möglichkeiten, aber auch über die Grenzen einzelner Tests genau Bescheid wissen und ihr abschließendes Urteil daher niemals nur auf einen Test begründen. Unter Psychologen gilt der Slogan »*Ein* Test ist *kein* Test«.

Außerdem wird der Psychologe stets auch andere psychodiagnostische Methoden nutzen, vor allem die Exploration (also das diagnostische Gespräch zur Aufhellung der Lebensgeschichte und augenblicklichen Lebenssituation) und Verhaltensbeobachtungen in natürlichen Situationen.

Tests haben ihre Bedeutung nicht nur in der Einzelfalldiagnostik, sondern vor allem auch in der wissenschaftlichen Forschung. So haben umfangreiche Untersuchungen in aller Welt (vor allem in den USA, aber auch in Deutschland, s. Baltes 1993) mit Intelligenz- und Lerntests bei älteren Erwachsenen dazu beigetragen, allzu globale und »pessimistische« Auffassungen über einen angeblichen globalen Intelligenzabbau im Alter zu widerlegen (s. hierzu auch weiter unten).

Wir haben also gesehen, in welchen Situationen und wie häufig in den meisten westlichen Industrienationen und nach dem Zusammenbruch des real existierenden Sozialismus auch in den ehemals sozialistischen Ländern Menschen mit Tests in Berührung kommen könnten. Daher ist es sinnvoll, eine »Testaufklärung« für einen sehr breiten Interessentenkreis zu betreiben, um Vorurteile, Ängste und Mißtrauen abzubauen sowie einen ebenso unangebrachten allzu naiven Respekt vor den »magischen Seelendurchleuchtern« der Psychologen zu relativieren. Ich werde daher auch schwierige Probleme sowie Streit- und Kritikpunkte zur gegenwärtigen Testpraxis nicht aussparen.

Gerade in einer so jungen und sich dynamisch entwickelnden Wissenschaft wie der Psychologie, die noch dazu den so komplizierten Gegenstand »Mensch« untersucht, wäre es doch sehr verwunderlich, wenn bereits alles geklärt wäre.

Ärzte und Psychologen müssen mehr als in der Vergangenheit darauf eingerichtet sein, daß der durch eine relativ lange Schulzeit gebildete, durch die Massenmedien und gelegentlich durch das Studium der für den Fachmann geschriebenen Bücher informierte Patient heute aufgeklärter und auch kritischer in die Sprechstunde kommt, als dies in der Vergangenheit der Fall war, als man die »Götter in weiß« oder den guten Hausarzt, der alles wußte und konnte, noch völlig uneingeschränkt als unantastbare Autorität betrachtete. Ein gutes Arzt-Patient, aber auch Psychologe-Patient- (bzw. Klient-)Verhältnis muß dieser veränderten Situation Rechnung tragen. Laien sollten dabei akzeptieren, daß der Fachmann (Arzt/Psychologe) durch sein Studium und seine Berufserfahrung die größere Kompetenz hat, und die von ihm vorgeschlagenen diagnostischen und therapeutischen Maßnahmen als nach bestem Wissen und Gewissen gegebenen Empfehlungen betrachten. Ärzte und Psychologen sollten den Patienten oder Klienten nicht als unwissendes, passives Objekt ihrer diagnostischen und therapeutischen Bemühungen auffassen, sondern sie müssen ihn als Subjekt der Diagnostik und Behandlung betrachten, der als aktiver Partner an der Diagnostik und Therapie teilnimmt. Das heißt mit anderen Worten, daß der Mensch ein Recht auf Aufklärung und auf konkrete Informationen hat über das, was mit ihm diagnostisch und therapeutisch gemacht wird.

Der Autor ist mit den meisten seiner Fachkollegen der Überzeugung, daß die »Geheimniskrämerei« älterer Psychologengenerationen hinsichtlich ihrer Tests nicht mehr in unsere Zeit paßt. Ein vorbereiteter, »aufgeklärter« Mensch kann in der Regel auch viel ergiebiger diagnostisch untersucht werden, da er dem Psychologen nicht als unsicheres, mißtrauisches »Opfer«, »Versuchsperson« und »Ausgelieferter«, also als Objekt gegenübersteht, sondern als aktiv in den Diagnoseprozeß Einbezogener, also als Subjekt, dem im Interesse seiner Weiterentwicklung und Heilung an einer »richtigen« Diagnose wirklich gelegen ist und der auch mit dieser Zielstellung in den Test geht.

Die Sphinx als erste Testerin

Der Psychotest als wissenschaftliches Untersuchungsinstrument hat eine relativ kurze Geschichte. Sie beginnt erst am Ende des vorigen Jahrhunderts. Die Idee des

Tests, insbesondere in Form der »Eignungsprüfung«, ist jedoch sehr alt. Über Vorläufer von Eignungstests berichtet schon das Alte Testament. Im »Buch der Richter« (7.1–8) wird beschrieben, wie Gideon auf Gottes Empfehlung sein Heer für den später siegreich bestandenen Kampf gegen die Midianiter auswählte. Zunächst machte er so etwas wie einen groben Screening-Test (Auslesetests) zur Auswahl der Motivierten. Dieser bestand in einem öffentlichen Aufruf an sein Volk: »Wer blöde und verzagt ist, der kehre um!« ... »Da kehrten des Volkes um 22000, daß nur 10000 übrigblieben.« Der zweite Test prüfte dann die Selbstbeherrschung. Das sah so aus: »Führe sie hinab ins Wasser, da selbst will ich sie Dir prüfen ... Welcher mit seiner Zunge das Wasser leckt, wie ein Hund leckt, den stelle besonders, desselben gleichen, welcher auf seine Knie fällt, zu trinken.« ... »Da war die Zahl derer, die gelecket hatten aus der Hand zum Mund 300 Mann, das andere Volk hat kniend getrunken.« Mit diesen 300 besonders selbstbeherrschten Männern (»Elitetruppe«) befreite dann Gideon sein Volk von unterdrückenden Eroberern (Midianiter).

Für die Beamtenauslese konnte ein solches Verfahren wohl nicht dienen, so daß man sich schon relativ früh in der Menschheitsgeschichte für diese Zwecke »intelligenzintensivere« Proben ausdachte. So wird berichtet, daß man in der Han-Zeit im alten China (221 v. Chr. – 220 n. Chr.) ein Prüfungssystem für Beamtenanwärter einrichtete, bei dem sie gewisse Prüfungen ihres Könnens und ihrer Intelligenz zu bestehen hatten. Offenbar hatte es zu viele unfähige Beamte gegeben, die nur aufgrund ihrer Privilegien zu ihrer Würde gekommen waren, so daß man durch diese »Eignungstests« die potentiell schlimmsten Versager möglichst vorher ausschalten wollte. Auch bei der Auswahl der »höchsten Beamten«, der Könige, wünschte sich das Volk offenbar stets testartige Bewährungsproben. Dafür sprechen die Sagen und

Mythen vieler Völker. Prinzen, aber auch oft tüchtige junge Männer aus dem »einfachen Volk« konnten häufig erst dann zu Königswürden oder zu ihren Eheweibern gelangen (z.B. Turandot, Zauberflöte usw.), wenn sie vorher bestimmte Rätsel und Mutproben bewältigt hatten. Sehr bekannt geworden ist die Sphinx als eine der ersten »Testerinnen«. Eines ihrer berühmtesten Rätsel stellte sie dem König Ödipus. Hierbei ging es sogar um Leben oder Tod. Falls er dieses Rätsel nicht lösen würde, wollte ihn die Sphinx verschlingen, die Lösung sollte dagegen die Rettung der Stadt Theben vor dem drohenden Untergang bedeuten. Das Rätsel lautete: Welches Wesen, das nur eine Stimme besitzt, hat manchmal zwei Beine, manchmal drei, manchmal vier und ist am schwächsten, wenn es die meisten Beine hat? Der Leser möge jetzt – wie bei den anderen im Buche eingestreuten »Kurztests« – erst einmal selbst die Lösung suchen. Auf der letzten Seite des Buches findet er dann die Auflösung für alle Testaufgaben. Vielleicht hilft ihm in diesem Falle auch noch eine etwas andere Version des Rätsels bei der Lösung: Was geht am Morgen auf vier Beinen, am Mittag auf zweien und am Abend auf dreien? Ödipus löste jedenfalls das Rätsel. Die Sphinx soll sich der Sage nach daraufhin in einen Abgrund gestürzt haben.

Im Mittelalter gab es ebenfalls »Testwettbewerbe«. »Tests« der musischen Befähigung waren beispielsweise die Minnesänger-Wettbewerbe auf der Wartburg. Die Handwerksmeister hatten bekanntlich auch ihre Sangeswettbewerbe, auf denen Beckmesser als scharfe »Tester« und Richter fungierten (s. »Die Meistersinger« von Richard Wagner). Die Gelehrten maßen sich dagegen in Ratewettbewerben, bei denen es um Wissen und Schlagfertigkeit ging. All diese Prozeduren könnte man tatsächlich als eine Art Vorläufer unserer heutigen Gruppentests, Aufnahme- und Eignungsprüfungen auffassen, wie sie etwa an unseren Kunsthochschulen angewandt werden. Sehr schlimme und nach heutiger Terminologie auf ihre Gültigkeit nicht überprüfte »Tests« waren die sogenannten Gottesproben, die bei Gerichten im Mittelalter nicht selten zur »Wahrheitsfindung« angewandt wurden. Bei einem Ehestreit wurde beide Partner mit Knüppeln bewaffnet, der Mann wegen seiner in der Regel größeren Kraft in eine etwas ungünstigere Position gebracht. Gott ließ in diesem Kampf angeblich den gewinnen, der Recht hatte. Noch schlimmer waren die sogenannten Hexenproben (beschrieben im »Hexenhammer«, in dem Regeln zur Identifizierung von Hexen aufgeführt sind). Als Vorläufer der beruflichen Begabungsdiagnostik – vor allem zur Eignung für den Gelehrtenberuf – kann man das Buch des spanischen Arztes und Schriftstellers Juan Huarte (1520 – 1589) betrachten, das im Titel »Die Prüfung der Anlagen zur Wissenschaft« verspricht. In diesem Buch, das Lessing 1752 ins Deutsche übersetzte, wird explizit Begabtenauslese und Berufsberatung durch spezielle Prüfer gefordert.

Aus Indianergeschichten kennen gewiß viele Leser die Initiationsriten der Stämme. Die männlichen Jugendlichen mußten sie durchlaufen, bevor sie die Krieger- oder Erwachsenenwürde zugesprochen bekamen. Hierbei ging es allerdings mehr um körperliche Tüchtigkeit, Ausdauer und psychische Stabilität. Die Jünglinge wurden meist von ihren Familien isoliert, mußten fasten und andere »Härtetests« bestehen. Außerdem galt es, Unempfindlichkeit zu beweisen. Aus der Ethnologie wissen wir heute, daß solche Initiationsriten in der einen oder anderen Form bei fast allen Völkern der Erde vorkommen.

Das Interesse jeder Gesellschaft an Auswahl- und Bewährungsprozeduren ist verständlich, da hieraus eine Erhöhung ihrer Leistungsfähigkeit resultiert. Wir können also festhalten, daß heutige Schulprüfungen (auch Fahrschulprüfungen), Eignungsprüfungen und die derzeit benutzten Tests eine gemeinsame Wurzel haben. Auf diese prüfungsartigen Prozeduren kann nicht verzichtet werden. So möchte sich wohl niemand in ein Flugzeug setzen, dessen Pilot nicht vorher sein fliegerisches Können in einer Prüfung nachgewiesen hat. Der gänzliche Fortfall von Prüfungen – vor allem, wenn sie nach den Regeln strenger Objektivität und Vergleichbarkeit durchgeführt werden – würden die Auswahl für bestimmte Ausbildungen und Berufe, für die mehr Bewerber als Plätze vorhanden sind, noch viel ungerechter machen als ohne solche Prüfungen, da dann Vorurteile, Subjektivismen, »Beziehungen« und Günstlingswirtschaft die Auswahl in der Weise verzerren könnten, daß vermehrt Ungeeignete auf Kosten Geeigneter aufgenommen würden. Ganz unabhängig von der Auswahlproblematik benötigt man Prüfungen, um die Kompetenz (das Können) eines bestimmten Menschen oder einer Menschengruppe auf einem bestimmten Gebiet feststellen zu können. Eine möglichst objektive Kompetenzermittlung ist wichtig für die weitere Verbesserung der Unterrichtung.

Test als Experiment

Die Geschichte des Tests als wissenschaftliche Untersuchungsmethode der Psychologie beginnt erst im vorigen Jahrhundert. Wie jede wissenschaftliche Entwicklung hat auch die Testentwicklung wissenschaftsinterne und gesellschaftliche Ursachen, die in Wechselwirkung miteinander stehen. Die Wurzeln des Tests sind vor allem in Deutschland, Frankreich und England zu finden. In Deutschland wurde 1879 in Leipzig unter der Leitung von Wilhelm Wundt das erste Institut für Psychologie in der Welt begründet.

Die Psychologie hatte sich aus der Philosophie (aber auch aus Theologie und Medizin), wie vor ihr schon andere Wissenschaften, herausgelöst, um sich als selbständige, vorwiegend naturwissenschaftlich orientierte Disziplin zu etablieren. Im Wundtschen Labor übernahm man die Hauptmethode der Naturwissenschaften – das Experiment. Mit Hilfe des Experiments war es möglich, über die Erkenntnisse, die durch die bisher dominierende Introspektion (Selbstbeobachtung) der vorwissenschaftlichen Psychologie beziehungsweise »Erfahrungsseelenkunde« der Philosophen, Theologen und Mediziner gewonnen wurden, hinauszugelangen. Ziel war das Auffinden von Gesetzmäßigkeiten psychischer Abläufe beim Menschen. Dazu gehörte, daß man das im Experiment Beobachtete möglichst genau maß. Die ersten Experimentalpsychologen machten sich also den Ausspruch des Galilei »Miß, was meßbar ist, und mach meßbar, was noch nicht meßbar ist« zur Richtschnur, um die geisteswissenschaftlichen Spekulationen, die bisher bei der psychologischen Herangehensweise vorgeherrscht hatten, zu überwinden. Dabei waren die Experimentalpsychologen bescheiden und versuchten zunächst, Messung und Experiment nur auf sogenannte niedere psychische Funktionen (wie Empfindungen, Wahrnehmungen, motorische Reaktionen) anzuwenden. Die Begründer der Psychophysik, die Leipziger Professoren Weber und Fechner, hatten bereits vor Wundt experimentell die Beziehungen zwischen Reizstärke und Empfindung studiert.

Das Fechnersche Gesetz besagt – sehr vereinfacht formuliert –, daß das Unterscheidungsvermögen für Reize (zumindest im mittleren Bereich) bei kleinen Reizstärken größer ist als bei großen Reizstärken. So klingt z.B. ein Chor von 100 Personen bedeutend lauter als ein Chor von 10 Personen, dagegen ein Chor von 1000 Personen nur ein wenig lauter als ein Chor von 100 Personen.

Die Experimentalpsychologen prüften weiterhin, ab welcher Reizstärke man einen Reiz gerade noch empfindet (absolute Reizschwelle) und ab welchem physikalischen Intensitätsunterschied zwei Reize als eben noch unterschiedlich stark erlebt werden (Unterschiedsschwelle). Verbreitet waren auch Reaktionszeitprüfungen.

Die ersten Experimentalpsychologen waren Allgemeinpsychologen, das heißt, sie wollten Regelmäßigkeiten (Gesetze) im psychischen Erleben aller Menschen finden, die Unterschiede zwischen Individuen interessierten sie dabei nicht. Ein amerikanischer Assistent Wundts, Mc Keen Cattell, auf den der Begriff »mental tests« (Test der geistigen Prozesse) zurückgeht und der damit als Schöpfer des Testbegriffs in der Psychologie gilt, war aber nicht zufrieden mit der »rein akademischen«, von jeglicher praktischen Anwendung der Psychologie zunächst losgelösten Beschäftigung mit dem Psychischen. Sein Lehrer Wundt stand einer angewandten Psychologie sehr skeptisch gegenüber und nahm an, daß die Zeit noch nicht reif sei und zunächst mehr Grundlagenforschung betrieben werden müsse. Cattell wollte jedoch ausprobieren, ob die oben kurz geschilderten Laborexperimente zu Prüfexperimenten – eben Tests – umgewandelt werden könnten, mit denen man die schon im Wundtschen Labor beobachteten Unterschiede zwischen den Versuchspersonen hinsichtlich der Ausprägung von absoluten und Unterschiedsschwellen, der Reaktionsschnelligkeit und vielem anderen nunmehr systematisch untersuchen könnte. Diese ersten Test – *mental tests* – setzte er bei Studienbewerbern in den Aufnahmeprüfungen für das College ein. Die Nachuntersuchungen zu der Frage, ob denn nun diese *mental tests* eine Prognose des späteren Erfolges auf dem College gestatten, erbrachten eindeutig negative Ergebnisse. Hatte sein Lehrer Wundt also doch recht gehabt? Cattell war – wie viele Wissenschaftler damals – von der theoretischen Position ausgegangen, daß nichts im Verstande sein kann, was nicht vorher in den Sinnen war (sog. Sensualismus). Diese an sich nicht gänzlich falsche, aber theoretisch einseitige Auffassung spiegelt sich auch heute noch in dem viel benutzten, aber falschen Begriff »schwachsinnige Kinder« als Kennzeichnung für intelligenzschwache Kinder. Das Typische der Intelligenzbeeinträchtigung besteht aber nicht primär in einer Sinnesschwäche, sondern in einer Denkschwäche. In der heutigen wissenschaftlichen Literatur werden die betroffenen Kinder und Erwachsenen daher als geistig behindert oder oligophren bezeichnet.

Auch Sir Francis Galton, ein sehr vielseitig interessierter Vetter von Charles Darwin, benutzte solche einfachen psychophysischen Experimente, um Unterschiede zwischen den Menschen, für die er sich besonders interessierte, festzustellen.

1882 errichtete er im South Kensington Museum in London ein anthropometrisches Labor, in dem man sich – gegen geringe Bezahlung – Tests der Seh- und Hörschärfe, der Reaktionszeit und so weiter unterziehen konnte. Er meinte nun – ebenso wie Cattell – aufgrund seiner Beobachtungen, daß bei schwer Intelligenzgeschädigten die Empfindung für Hitze, Kälte und Schmerz sehr abgestumpft sei (was so generell nicht gilt) und daß intelligentere Personen eine höhere Unterscheidungsfähigkeit im Bereich der Sinne haben.

Mit Hilfe seiner Tests wollte er so die Intelligenteren herausfinden. Im Sinne der sogenannten Eugenik (Lehre von der Gesunderhaltung der Rasse bzw. des gesamten Menschengeschlechts durch »erbhygienische Maßnahmen«), die besonders im Faschismus durch die Tötung von Trägern »minderwertigen Erbgutes« sehr in Verruf geraten ist, sollten intelligentere Menschen »gezüchtet« werden. Der Sozialdarwinismus, die reaktionäre Grundposition Galtons, wird im folgenden Zitat aus seinem Buch »Genie und Vererbung« (deutsch 1910, zit. nach

Grubitzsch und Rexilius 1978, S. 18) sehr deutlich: »Die natürlichen Anlagen, von denen dieses Buch handelt, sind der Art, wie sie ein moderner Europäer in einem weit größeren Durchschnitt besitzt als Menschen niedriger Rassen. Wir finden nichts in der Geschichte der Domestikation der Tiere oder in der Evolution, was uns bezweifeln läßt, daß eine Rasse gesunder Menschen geschaffen werden kann, die den modernen Europäern geistig und moralisch ebenso überlegen wäre, als die modernen Europäern den niedrigsten Negerrassen überlegen sind.«

Auch wenn diese rassistische Grundposition scharf zu verurteilen ist und die daraus resultierende Diskussion um die Anwendung und den Mißbrauch von Tests noch heute geführt werden muß (s.u.), ist es das Verdienst Galtons, daß er – gemeinsam mit seinem Schüler Pearson – erstmalig statistische Methoden zur Beantwortung differential-psychologischer Fragestellungen bei Testauswertungen einsetzte. So ist die statistische Methode der Korrelationsberechnung (s.u.) auf Galton und Pearson zurückzuführen.

Die Konstruktion und Anwendung der ersten Tests durch Galton und Cattell machten schon auf zwei Probleme aufmerksam, die auch bei den späteren Testentwicklungen immer wieder kritisch diskutiert wurden. Das betrifft erstens die »inhaltliche Füllung« des Testverfahrens. Im beschriebenen Falle war es die auf einer einseitigen (»reduktionistischen«) theoretischen Position beruhende Hauptorientierung auf einfache sensorische und motorische Leistungen, aus denen man komplexe Lern- und Denkleistungen im Alltag voraussagen wollte. Damit wurde also die sinnliche Stufe der Erkenntnis verabsolutiert und der Unterschied zwischen Denken und Empfindungen/Wahrnehmungen verwischt.

Das zweite Problem betrifft die angezielte *problematische Anwendung* der Tests – also vor allem bei Galton zur

Selektion und »Züchtung« einer intelligenteren Menschenrasse.

Das Verdienst der beiden Gelehrten bestand aber zweifellos darin, die Möglichkeiten des Experiments und des Experimentierens auch für die differentielle (auf Unterschiede der Menschen ausgerichtete) und angewandte Psychologie erschlossen zu haben. Die Idee des Psychotests ist also zum einen – wie oben dargelegt – aus der Idee der Prüfung ableitbar und zum anderen aus dem experimentellen Paradigma der Naturwissenschaften. Beim Experiment der Naturwissenschaften und auch der Allgemeinen Psychologie werden die »Randbedingungen« konstant gehalten – beispielsweise die Raumtemperaturen im Experimentalraum –, und die ganze Versuchsdurchführung ist standardisiert.

Auch im Test ist eine Standardisierung der »Randbedingungen« entscheidend. Alle »Versuchspersonen« (in diesem Falle also Testanden) müssen die gleichen Instruktionen bekommen, sich mit dem gleichen »Material« (Testaufgaben) auseinandersetzen, ihre Äußerungen und Leistungen werden nach einer für alle Testleiter verbindlichen Vorschrift registriert und ausgewertet.

Angestrebt wird, Verhaltensweisen oder Eigenschaften der Testanden im Test möglichst quantitativ (messend) zu erfassen. Außerdem soll bei den meisten Tests über eine – meist statistische – Normenbildung der Vergleich der Einzelleistung mit den Leistungen anderer Testanden, die den gleichen Test unter den gleichen Bedingungen absolvieren, möglich sein. Dann sind Aussagen folgender Art und Weise möglich: In diesem Intelligenz- oder Ausdauertest zeigt der Testand bessere oder schlechtere Leistungen als seine Alterskameraden.

Die Einführung des experimentellen Vorgehens in der Psychodiagnostik muß als ein großer Fortschritt angesehen werden, wenn wir auch heute wissen, daß der Psychotest wohl niemals die Exaktheit und Standardisierbarkeit eines streng naturwissenschaftlichen Experiments erlangen wird. Während es gleichgültig ist, ob ein Experimentator in der Physik oder Chemie einem Vorgang mit Sympathie oder Antipathie folgt, und Messungen mit höchster Präzision und Exaktheit möglich sind, gilt für den psychologischen Test, daß es sich hierbei nicht nur um eine reine Subjekt-Objekt (Meßobjekt)-Beziehung handelt, sondern jeweils auch um eine Subjekt-Subjekt-Beziehung. Damit ist verbunden, daß die geforderte Bedingungskonstanz und Standardisierung in Tests trotz aller Bemühungen nur in Grenzen zu garantieren ist. Die jeweils spezifische soziale Wechselbeziehung zwischen Psychologen und Testand, die Einstellungen und Erwartungen (z.B. Vertrauen, Sympathie, Abwehr, Testangst, Testmotivation), mit denen beide in die Testsituation gehen, und viele andere Faktoren beeinflussen Testergebnisse in oft schwer kontrollierbarer Art und Weise.

Die ersten Intelligenztests und ihre Folgen

In Frankreich wurde Ende des 19. Jahrhunderts von den Herrschenden – wie schon früher in anderen Ländern – erkannt, daß zumindest eine bescheidene Grundschulbildung aller späteren Arbeiter ein wichtiger Faktor für Produktivitätssteigerungen der sich stürmisch entwickelnden Industrie ist.

1882 wird in Frankreich die allgemeine Schulpflicht eingeführt. In der Folgezeit stellte sich heraus, daß es Kinder gab (und auch heute noch gibt), die dem normalen Schulunterricht nicht folgen können. Dabei gilt es zu unterscheiden zwischen jenen Kindern, die vornehmlich aufgrund einer angeborenen oder frühzeitig (z.B. durch Hirnschädigungen) erworbenen Intelligenzschädigung nicht dem Unterricht folgen können, und den Kindern, die aufgrund von Schulversäumnissen oder schlechter Förderung durch das Elternhaus – also mehr äußeren, sozialen Gründen – in der Schule versagen. Für die Intelligenzgeschädigten wollte man besondere Schulklassen einrichten (vergleichbar mit unserer heutigen Sonderschule), wo sie ihrer Schädigung angemessener unterrichtet werden sollten. Die Auswahl der Kinder für diese Spezialklassen nach dem Lehrerurteil oder den Schulzensuren erwies sich als problematisch, da vor allem aufgrund des Fehlens eines verbindlichen Maßstabs mit Subjektivismen bei der Auswahl zu rechnen war. Insbesondere die differentialdiagnostische Frage (Trennung zwischen echt Intelligenzgeschädigten aufgrund von Anlageanomalien des Zentralnervensystems und exogen bedingten Schulversagern) war nicht allein durch Analyse der Schulleistungen zu beantworten. Daher erhielt 1904 der gelernte Jurist und Mediziner (eine eigenständige Psychologenausbildung gab es zu dieser Zeit noch nicht) Alfred Binet (1857–1911), der 1894 Direktor des ersten psychologischen Laboratoriums an der Sorbonne in Paris geworden war, vom französischen Erziehungsministerium den Auftrag, ein Aufnahmeverfahren für die zu gründenden Sonderschulen auszuarbeiten. Mit dessen Hilfe sollten die echt Intelligenzgeschädigten unter den schulversagenden Kindern der Normalschule für die Hilfsschule ausgewählt werden.

Die Erfüllung dieses Auftrags sollte ihn zwar später weltberühmt machen – als Begründer des ersten wirklich praktisch einsetzbaren Intelligenztests (des Binet-Simon-Tests) – brachte ihm in Frankreich damals jedoch kaum Anerkennung. Sein Verfahren wurde zunächst in anderen Ländern verbreitet und angewandt.

Binet erkannte, daß man zwar auf dem Gebiet einfacher Sinnesempfindungen und Reaktionszeiten relativ exakt experimentieren und messen kann, damit jedoch das komplexe Phänomen »Intelligenz« als eine wesentliche Voraussetzung für den Schulerfolg nicht in den Griff bekommt. Tests sollten daher seiner Meinung nach komplexere Denkleistungen prüfen. Er hatte schon früh an seinen beiden Töchtern beobachtet, daß sich diese untereinander, aber auch im Vergleich zu Erwachsenen in einfachen sensorischen Leistungen (z.B. hinsichtlich des visuellen Unterscheidungsvermögens bei Längenvergleichen) kaum unterschieden, jedoch deutlich bei komplexen Denkanforderungen. Intelligenz wurde von ihm – wie nachher auch von den meisten anderen Intelligenzforschern – als Fähigkeit zu solchen komplexen Denkleistungen angesehen, zu denen er unteren anderem Urteilsfähigkeit, Kombinationsvermögen, Erkennen von wesentlichen Zusammenhängen zählte. »Gut urteilen, gut verstehen, gut denken« (Binet) wurden als Kennzeichen der Intelligenz betrachtet. Die Anforderungen und auch die Leistungen bei komplexen Denkproblemen ließen sich nun zwar nicht mehr so exakt beschreiben und messen wie bei den *mental tests*, bei denen die Anforderungen durch systematische Steigerungen der Reizintensität »metrisierbar« waren, dafür waren sie aber näher am täglichen Leben, in diesem Fall auf das schulische Lernen bezogen. Damit wird erstmals ein Problem sichtbar, das auch heute noch Testkonstrukteure stark beschäftigt. Einfache Leistungen des Psychischen lassen sich zwar exakter messen, aber ihre ökologische Validität (Lebens- und Umweltbezogenheit) läßt häufig zu wünschen übrig. Komplexere Leistungen des Psychischen sind dagegen experimentell und testmäßig häufig nicht so exakt zu erfassen. Der Testkonstrukteur befindet sich daher oft »zwischen Skylla und Charybdis« (zwei gefährliche Klippen, zwischen denen er hindurchsegeln muß). Die eine Gefahr besteht darin, daß er zwar exakt mißt, dafür aber für das alltägliche Leben der Menschen relativ belanglose, zum Teil auch lebensfremde Aufgaben stellt. Verwendet er dagegen im Test komplexere lebensnähere Aufgaben, die nicht nur über die basalen Prozesse des Psychischen, sondern auch über hochkomplexe Leistungen Aussagen gestatten sollen, so hat er meist große Schwierigkeiten, diese Aufgaben genau zu beschreiben und die psychischen Reaktionen hierauf exakt, also quantitativ zu erfassen.

Binet wollte mit seinen Testaufgaben nicht direkt die Beherrschung des Schulstoffs prüfen, da schlechte oder mangelhafte Unterrichtung – als nur eine Ursache des Schulversagens – nicht automatisch zu einem Testversagen führen sollte. Schließlich wollte er ja mit dem Test die lediglich schlecht unterrichteten (»unwissenden«) Kinder von den aus Intelligenzschwäche versagenden (»oligophrenen«) Kindern trennen. Daher suchte er nach Denkaufgaben, die zwar einerseits nicht direkt und vornehmlich die Beherrschung des Schulstoffs verlangen (wenn auch – speziell bei den höheren Altersstufen – auf bestimmte kulturelle Grundtechniken wie Kenntnis der Zahlen, Lesefertigkeiten usw. bei den Testaufgaben nicht gänzlich verzichtet werden konnte), deren Bewältigung aber andererseits Aussagen über gute allgemeine geistige Fähigkeiten gestattet, die bei normaler Unterrichtung und Förderung im Elternhaus eigentlich auch ein gutes Mitkommen in der Normalschule garantieren.

Binet konstruierte für seine Intelligenztests vorwiegend sprachliche Aufgaben, womit er der vorherrschenden sprachlichen Orientierung der damaligen Volksschule und auch der höheren Schule Rechnung trug (»verbale Lernschule«). Es mußten beispielsweise Unterscheidungen erkannt (Was ist der Unterschied zwischen einem Schmetterling und einer Fliege?), unvollständige Texte oder Sätze ergänzt, Sätze verstanden und nachgesprochen werden. Es gab auch schon sprachunabhängige Testaufgaben, zum Beispiel das Erkennen von Sinnwidrigkeiten in Bildern (s. Abb. 1) oder Ausschneideproben.

Diese Aufgaben gab er normalen Kindern verschiedenen Alters und »Schwachsinnigen« zur Bearbeitung.

Abbildung 1: Eine Aufgabe aus dem Binet-Test (Modifikaton nach J. Kramer): Was ist auf dem Bild falsch eingezeichnet? (Erkennen von Sinnwidrigkeiten)

Wie gelangte Binet nun zu einem Maß für die Intelligenz? Er legte auf der Grundlage seiner Erhebungen eine Rangreihe der Schwierigkeiten der Aufgaben fest.

Dann ermittelte er, welche Aufgaben von der Mehrzahl der Kinder (etwa 75%) eines Altersjahrgangs gelöst wurden. Diese Aufgaben bildeten zusammen eine Altersreihe, etwa die sechs Aufgaben, die Vierjährige in der Regel lösten. Zunächst wurden für die Altersstufen 3–12 solche Alterstestreihen entwickelt und erprobt. Nun konnte man die Leistung des getesteten Kindes mit der seiner Altersgenossen oder mit jüngeren und älteren Kindern vergleichen. Es ließ sich dann auch ein sogenanntes Intelligenzalter ausrechnen. Hatte beispielsweise ein achtjähriges Kind nur die Aufgaben bis zur sechsten Testaltersstufe gelöst, erhielt es ein Intelligenzalter von sechs Jahren zugesprochen. Einzellösungen in den oberen Teststufen wurden bei der Intelligenzaltersberechnung ebenfalls berücksichtigt. Wenn von sechs Aufgaben einer Altersstufe zwei gelöst wurden, erhielt das Kind hierfür 2 x 2 Monate = 4 Lebensmonate bei der Intelligenzaltersberechnung hinzugezählt. Unterschied sich das Lebensalter vom Intelligenzalter um mehr als zwei Jahre (z.B. hatte ein Sechsjähriger ein Intelligenzalter von vier Jahren bzw. weniger), dann nahm Binet an, daß es sich um ein »schwachsinniges« Kind handeln müsse, das demzufolge der Sonderschule überstellt werden sollte.

Dies war die heute zunächst sehr einfach anmutende, aber wohl trotzdem geniale Idee, Intelligenz meßbar zu machen: die Individualleistung wurde mit der vorher bestimmten Durchschnittsleistung verschiedener Altersgruppen bei bestimmten Denkaufgaben verglichen. Dabei mußte man davon ausgehen, daß im Kindesalter mit wachsendem chronologischen Alter in der Regel auch die Intelligenz wächst. Es wurde jedoch bald festgestellt, daß dieses Wachstum nicht kontinuierlich verläuft und es Zeiten eines rascheren oder eines langsameren Entwicklungsfortschritts gibt. Man gab auch zu bedenken, daß ein Entwicklungsrückstand von zwei Jahren bei einem Vierjährigen (wenn er also das Intelligenzalter von 2 Jahren hat) immerhin 50% der gesamten Lebenszeit beträgt, während der gleiche Zweijahresrückstand bei einem Zwölfjährigen noch nicht einmal 20% der bis dahin erreichten Lebenszeit beträgt. (Auch in der Alltagsbeobachtung wirkt ein vierjähriges Kind, das sich noch geistig wie ein zweijähriges verhält, entwicklungsauffälliger und rückständiger als ein Zwölfjähriger, der noch das geistige Niveau eines Zehnjährigen hat.) Wegen dieser Überlegungen machte der deutsche Psychologe Stern, der allgemein als Begründer der differentiellen Psychologie gilt, 1912 auf dem Berliner Psychologenkongreß den Vorschlag, den inzwischen weltbekannt und auch berüchtigt gewordenen *Intelligenzquotienten* (IQ) zu bestimmen. Hierbei wird einfach das Intelligenzalter (IA) durch das Lebensalter (LA) dividiert: IQ = IA/LA. Im Falle des Vierjährigen mit einem Zweijahresrückstand wird folgender Wert berechnet: 24 Monate : 48 Monate = 0,50. Man multipliziert diesen Wert noch mit 100, so daß der erwartete Normal-IQ stets bei 100 liegt. Im betrachteten Beispiel liegt er bei 50. Bei einem Zwölfjährigen rechnen wir 120 Monate : 144 Monate und erhalten einen Wert von 0,83 bzw. 83. Da man nach den Richtlinien der Weltgesundheitsorganisation die geistige Behinderung beziehungsweise Intelligenzschädigung in ihrer leichtesten (sonderschulfähigen) Ausprägung (»Debilität«) ab IQ = 70 definiert, wäre der Vierjährige bei einem Zweijahresrückstand als »debil« zu klassifizieren, während der Zwölfjährige bei dem gleichen Entwicklungsrückstand noch als »Grenzfall« für die Normal- oder Förderschule zu betrachten ist.

Ein gut begründeter Vorbehalt gegen diese Klassifizierung besteht darin, daß man gerade bei jüngeren Kindern mit einer solch einschneidenden Diagnose wie »Debilität« sehr vorsichtig sein muß, da erst der Erfolg gezielter sonderpädagogischer Maßnahmen bei entwicklungsrückständigen Kindern abgewartet werden muß, bevor man sich diagnostisch festlegt.

Bei den modernen Intelligenztests wird der IQ anders berechnet. Um insbesondere bei Erwachsenen eine altersgerechte Intelligenzmessung zu gewährleisten, hatte bereits in den dreißiger Jahren der amerikanische Psychologe David Wechsler vorgeschlagen, für die je Altersstufe benutzten Testaufgaben und die dabei erreichten Richtigpunkte (Rohwerte in der Sprache der Teststatistik) zwei statistische Kennwerte zu bestimmen: den arithmetischen Mittelwert der Testpunkte (also die Durchschnittsleistung) und die normale Streuung der Werte (Standardabweichung) um diesen Mittelwert. Unter Zuhilfenahme dieser beiden statistischen Kennwerte, die man zunächst durch Voruntersuchungen mit dem Test an einer möglichst großen und repräsentativen Stichprobe von Menschen des betreffenden Alters gewinnen muß (Normierung), kann man nun den IQ bestimmen als positive oder negative Abweichung der individuellen Leistung des Testanden vom Durchschnitt (d.h. vom Mittelwert) der jeweiligen Altersbezugsgruppe. Für einen 50jährigen wird also sinnvollerweise nicht mehr ein Intelligenzalter bestimmt (das dann bei den relativ schulbezogenen Anforderungen des Binet-Intelligenztests höchstens bei 18 Jahren liegen könnte), sondern seine individuelle Intelligenztestleistung wird zur durchschnittlichen Intelligenztestleistung seiner Altersgruppe in Beziehung gesetzt. David Wechsler konstruierte den ersten umfassend geprüften und einsetzbaren Erwachsenen-Intelligenztest. Er wird nach der Klinik, in der der Testautor arbeitete, Wechsler-Bellevue-Skala genannt.

Der Test wurde insbesondere für klinisch-psychologische Fragestellungen (z.B. Feststellung der psychischen Folgen von Hirnschädigungen, Untersuchung der geistigen Zurechnungsfähigkeit von Straftätern) entwickelt. Die deutschsprachige Version – HAWIE, das heißt *Hamburg-Wechsler-Intelligenztest für Erwachsene* und HAWIK für Kinder (benannt nach dem Hamburger Institut, in dem das Verfahren in den 50er Jahren adaptiert wurde; s.a. die Revisionen HAWIK-R und HAWIE-R; Kurzvorstellung in Rauchfleisch 1994, äußerst kritisch in Grubitzsch 1991) – und die Adaptionen für viele andere Länder werden, trotz in jüngster Zeit verstärkt angemeldeter Bedenken, in der psychodiagnostischen Praxis mangels anderer Verfahren noch sehr häufig angewandt.

Die Intelligenzmessung hat ihre Wurzeln jedoch nicht nur in der Pädagogik, sondern auch in den sogenannten Irrenhäusern. Psychiater wollten die Geisteskranken besser von Geistesschwachen (Intelligenzgeschädigten) differentialdiagnostisch abgrenzen und auch Grade des

»Schwachsinns« für Zwecke des möglichen Arbeitseinsatzes exakter bestimmen können und das Wesen psychischer Störungen durch psychologische Experimente und Tests genauer studieren. Noch vor Binet hatten die Psychiater Itard und Seguin sogenannte Formbretter zur Untersuchung von »Schwachsinnigen« vorgeschlagen. Hierbei mußten – ähnlich wie bei dem heute noch gebräuchlichen Spielzeug für Kleinkinder – in unterschiedlich gestaltete Ausstanzungen auf einem Brett die jeweils passenden Holzfiguren (z.B. Quader) eingepaßt werden. Später wurde gern auf solche und ähnlich gestaltete »Handlungsintelligenztests« zurückgegriffen, um die einseitig verbale Ausrichtung des Binet-Tests zu überwinden.

Erwähnen muß man bei einer Geschichte der Intelligenzmessung auch den deutschen Psychologen Hermann Ebbinghaus (1897), der vor allem als Gedächtnisforscher weltberühmt wurde.

Er war ähnlich wie Binet von einer Schulbehörde mit der Untersuchung einer praktischen Problematik beauftragt worden. Es sollte geprüft werden, ob längerwährender Unterricht die Schüler »geistig überbürdet«, was insbesondere Mediziner befürchteten. Ebbinghaus gab Schülern des Gymnasiums vor und nach dem Unterricht einfache Additions- und Multiplikationsaufgaben (Rechenmethode) und forderte das Behalten und Niederschreiben diktierter Zahlenreihen (Gedächtnismethode) sowie das Einsetzen der passenden Wörter in einen Text mit Lücken (Kombinationsmethode). Insbesondere der *Lückentext* fand später vielfältige Verwendung in Intelligenztests, da er eine deutliche Altersabhängigkeit und Beziehung zur Schulleistung erkennen ließ. Mit der Ebbinghaus-Untersuchung wurde erstmals der mögliche Nutzen von Intelligenztests – unabhängig von der Selektionsfragestellung – als Meßinstrumente für die Beantwortung wissenschaftlicher Fragestellungen (hier Ermüdungsforschung) mit praktischer Bedeutung demonstriert.

Binets besondere Leistung gegenüber anderen Pionieren der Testbewegung bestand vor allem aber darin, daß er die Intelligenz nicht einseitig durch eine Methode (Lückentest, Formbrett), sondern durch eine *Verhaltensstichprobe* von unterschiedlichsten (heterogenen) Denkanforderungen prüfte. Damit berücksichtigte er schon die Vieldimensionalität der Intelligenz, die die moderne Intelligenzforschung so stark betont. Binet war auch keinesfalls ein reiner Selektionsdiagnostiker – wie oft behauptet wird – sondern forderte schon früh eine Orthopädagogik, das heißt, die gezielte Förderung der in einem Test leistungsschwachen Kinder. Mangelleistungen im Test wurden von ihm nicht als »Dauer-Defekte« aufgefaßt, sondern als zum großen Teil überwindbare aktuelle Schwächen. Es ist bemerkenswert, daß vor nicht allzu langer Zeit in den USA eine neue, vor allem psychometrisch verbesserte und mit moderneren Aufgaben gestaltete Modifikation des Binet-Tests publiziert wurde (Thorndike, Hagen u. Sattler 1986).

Wie wird heute Intelligenz getestet?

Die Entwicklung der Intelligenzmethodik bis zum heutigen Tag läßt sich – sieht man zunächst einmal von den Alternativvorschlägen (s. S. 69ff.) ab – durch folgende Trends charakterisieren:

Entwicklung von *Gruppentests*; Entwicklung von Verfahren, die die einzelnen Faktoren *(Dimensionen)* der Intelligenz messen (Intelligenzstrukturtests, spezielle Fähigkeitstests); Suche nach sogenannten *kulturunabhängigen* Tests; Erhöhung des *meßmethodischen* (psychometrischen) *Niveaus* der Verfahren.

Gruppentests (Papier- und Bleistiftverfahren)

Der Binet-Test war ein Einzeltest, das heißt, ein Testleiter (TL) konnte jeweils nur ein Kind untersuchen. Als die USA am 6. April 1917 in den Ersten Weltkrieg eintraten, standen sie vor der Notwendigkeit, innerhalb einer sehr kurzen Zeit eine große Armee aufzustellen. Infolge des für breite Bevölkerungskreise unzureichenden Bildungssystems – insbesondere für rassische Minderheiten – bereitete die Zuordnung der Gemusterten zu den Waffengattungen, die unterschiedliche intellektuelle und bildungsmäßige Voraussetzungen erforderten, große Schwierigkeiten. Amerikanische Psychologen unter der Leitung von Terman und Titchener erstellten daher im Auftrag des Kriegsministeriums innerhalb extrem kurzer Zeit (bis Juni 1917) eine *Testbatterie*. Darunter versteht man die Zusammenstellung mehrerer Intelligenztests mit unterschiedlichen geistigen Anforderungen. Diese Testbatterie wurde bis 1919 bei 1.726.966 Mann (darunter 42.000 Offizieren) angewandt. Dabei wurde zum ersten Mal in der Testentwicklung das Prinzip des *paper and pencil tests* realisiert, das heißt, es wurden Testformblätter ausgegeben, bei denen die Testanden mit einem Bleistift (wie bei einer schriftlichen Prüfung) die Antworten auf gestellte Fragen eintragen mußten (Ergänzungstest) oder unter mehreren zur Auswahl angebotenen Lösungsmöglichkeiten das ihrer Meinung nach Richtige anzukreuzen hatten. Besonders die letzte Aufgabenvariante – Mehrfachwahlaufgabe (Multiple Choice) – ist auch in modernen Gruppenintelligenztests (wie z.B. im *Intelligenz-Struktur-Test* nach Amthauer 1970 s. u.) sehr beliebt, da sie eine leichte Auswertung mittels Lösungsschablonen oder EDV erlaubt. Wir bringen in Abbildung 2 einige Beispiele für Ergänzungs- und Mehrfachwahl-Testaufgaben, die der Leser wieder selbst lösen sollte (Auflösung auf der letzten Seite). Es handelt sich hierbei um drei

Aufgaben aus unserem sehr viel umfangreicheren *Lerntest »Schlußfolgerndes Denken«* (LTS Guthke, Jäger und Schmidt, Berlin 1983). Falls Sie die Lösungszeit kontrollieren, werden sie vielleicht feststellen, daß trotz der gleichen Schwierigkeit – im Durchschnitt der Getesteten gesehen – Ihnen die eine oder andere Aufgabe leichter oder schwerer gefallen ist. Dies könnte ein Hinweis auf unterschiedlich ausgeprägte Fähigkeiten (Besonderheiten Ihrer Intelligenzstruktur) sein. Mit Hilfe solcher Mehrfachauswahl-Tests lassen sich große Gruppen von Menschen auf einmal untersuchen.

Form A   Aufgabe 12
12   16   18   17   21   23   22   ?

Eine Aufgabe aus dem Untertest »Zahlenfolgen« des Lerntests »Schlußfolgerndes Denken« (LTS Guthke, Jäger und Schmidt)

Verkäufer : Kellner = Kunde : x
a) Gast,   b) Stewardeß,   c) Mensch,   d) bedienen,   e) Geschäft

Eine Aufgabe aus dem Untertest »Analogien« des Lerntests »Schlußfolgerndes Denken« (LTS Guthke, Jäger und Schmidt)

Abbildung 2: Aufgabenbeispiele aus dem Lerntest »Schlußfolgerndes Denken«

In den ersten »Armeetests« wurde ein weiteres Prinzip psychologischen Diagnostizierens erstmals angewandt, das sich heute in der Medizin und Psychologie immer größerer Beliebtheit erfreut, da es nützlich und ökonomisch ist. Es handelt sich um die sequentielle Diagnostizierungsstrategie beziehungsweise um das sequentielle (Sequenz = Folge) Testen. Zunächst wurde ein grober Siebtest (Screening-Test) angewandt. Dies war der *Army-Alpha-Test*. Aus den 8 Untertests wurde ein Gesamtpunktwert berechnet. An Hand des Gesamtpunktwerts wurden die Testanden in Gruppen eingeordnet. Die Testanden mit den schlechtesten Testergebnissen wurden einer zweiten, leichteren Prüfung unterzogen – das war der *Army-Beta-Test*. Die »Schlechtesten« in diesem zweiten Test wurden dann individuell durch einen Psychologen oder Psychiater geprüft. Manchmal kamen sie dann auch noch in spezielle Beobachtungsbataillone.

Intelligenzstrukturtest

Die Intelligenztestentwicklung ist eng verknüpft mit der differentialpsychologischen Forschung, also mit der Forschungsrichtung innerhalb der Psychologie, die sich mit den Unterschieden zwischen Menschen beschäftigt. In der differentiellen Intelligenzforschung ging man von den zunächst pragmatisch-praktizistisch konstruierten Intelligenztests aus, beobachtete Unterschiede zwischen Menschen in den verschiedenen Tests und verglich über Gruppen von Menschen hinweg den Zusammenhang der Testergebnisse. Dazu benutzte man die von Galton und Pearson sowie von Spearman entwickelte Korrelationsmethode. Bei dieser hier nicht näher zu erläuternden Methode wird der Zusammenhang zweier Variablen – etwa Größe und Gewicht oder eben auch Testergebnis im Test A und im Test B – näher bestimmt. Der Korrelationskoeffizient kann Werte zwischen $R = -1{,}00$ (gegensätzlicher Zusammenhang, d.h., wer in Test A gut ist, ist in Test B schlecht), $R = 0{,}00$ (kein Zusammenhang) und $R = +1{,}00$ (die Testrangfolge in Test A ist völlig identisch mit der Rangfolge in Test B) annehmen. Bekannt ist aus der Schulpraxis, daß beispielsweise die Zensuren der Schüler einer Klasse in Mathematik und Physik hoch positiv korrelieren, das heißt, der gute Physiker ist auch meist ein guter Mathematiker und umgekehrt, während die Mathematik- und Sportnote eine geringere Korrelation aufweisen. Korrelationsmatrizen spiegeln die »Verwandtschaftsbeziehungen« zwischen den verschiedenen eingesetzten Intelligenztests wider. In anschließenden Faktoranalysen werden die Korrelationsmatrizen mathematisch auf gemeinsame Faktoren hin untersucht, also auf Faktoren, die die festgestellten Korrelationen (Beziehungen/Gemeinsamkeiten) erklären können. Genau genommen handelt es sich dabei eher um »Intelligenztestfaktoren« als um Intelligenzfaktoren im engeren Sinne.

In letzter Zeit setzt sich in der Intelligenzforschung immer mehr die Erkenntnis durch, daß in intelligenten Leistungen nicht nur ein »Generalfaktor« im Sinne eines allen intelligenten Leistungen zugrunde liegenden gemeinsamen Faktors (g-Faktor nach dem englischen Psychologen Spearman) wirksam wird, sondern vielmehr die Ausprägung recht spezifischer Intelligenzfaktoren die Leistung bei den einzelnen Tests – und darüber hinaus bei intelligenzbezogenen Lebensanforderungen – bestimmt. Einige Vertreter der Intelligenzforschung (z.B. Gardner 1983) meinen sogar, daß man auf das »Superkonstrukt Intelligenz« (vgl. Westmeyer 1976) gänzlich verzichten sollte und statt dessen nur noch von »multiplen Intelligenzen« (er nimmt sogar eine kinästhetische und eine musikalische Intelligenz an, eine wohl recht problematische Ausweitung des Intelligenzbegriffs) ausgehen sollte. Die faktoranalytische Strukturforschung nach Spearman hat basierend auf der von Thurstone entwickelten faktoranalytischen Analysemethodik (die heute die Basis der meisten Computerprogramme zur Faktoranalyse darstellt), verschiedene Grundfaktoren der Intelligenz (primary mental abilities) identifiziert. Solche Faktoren können nach Untersuchungen von Jäger (1984) nach zwei Modalitäten geordnet werden – zum einen unter dem inhaltlichen (»materialen«) Aspekt und zum anderen unter dem operativen Aspekt (s. Abb. 3). In die-

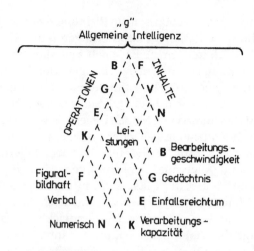

Abbildung 3: Intelligenzfaktoren (bimodales Modell des Intelligenzaufbaus nach A.O. Jäger)

sem bimodalen Modell des Intelligenzaufbaus werden auf der Materialseite die Dimensionen »figural«, »numerisch« und »verbal« unterschieden und auf der operativen Seite die »Operationen« beziehungsweise Prozesse: Bearbeitungsgeschwindigkeit, Gedächtnis, Einfallsreichtum und Verarbeitungskapazität (vornehmlich logischschlußfolgerndes Denken). Der letzte Faktor wird allgemein als Kernfaktor der Intelligenz bezeichnet. Die hierbei geforderten Leistungen lassen sich auf die geistigen Basisoperationen des Vergleichens (Feststellung der Identität oder des Unterschiedes von Merkmalen und Relationen) zurückführen (s. Masendorf u. Klauer 1986), was dem Leser durch Selbstbeobachtung der bei ihm ablaufenden Denkprozesse während der Lösung der oben angeführten Testaufgaben nachvollziehbar sein wird.

Das Modell von Jäger wird als noch durchaus ausbaufähig angesehen – etwa auf der »Materialseite« in Richtung sozialer Problemsituationen (»soziale Intelligenz«)

und auf der Operationsseite in Richtung mehr praktisch-handlungsorientierter Anforderungen (»praktisch-manipulative Intelligenz«). Es ähnelt sehr stark modernen US-amerikanischen Untersuchungen der Intelligenzstruktur – auch mit Hilfe anderer mathematischer Verfahren (s. Guttman u. Levi 1991; Snow u. Lohmann 1989).

Auf dem bimodalen Modell basiert ein neuer kurz vor der Veröffentlichung stehender Intelligenztest – der *Berliner Intelligenz-Struktur Test* (BIS). Der oben zitierte Lerntest »Schlußfolgerndes Denken« untersucht lediglich die logische Verarbeitungskapazität in den drei wesentlichen Materialbereichen (verbal, numerisch, figural).

Die moderne Intelligenztestentwicklung berücksichtigt die Vieldimensionalität der Intelligenz durch die Konstruktion *spezifischer Fähigkeitstests* (z.B. nur für das räumliche Vorstellen, für das verbale Analogiedenken, für technisch-naturwissenschaftliches Problemlösen usw.) beziehungsweise von *Intelligenzstrukturtests* (s. Abb. 4, S. 46f), deren Untertests über einige wesentliche Bereiche der Intelligenz Auskunft geben sollen (z.B. *Intelligenzstrukturtest* von Amthauer 1970 oder *Kognitiver Fähigkeitstest* von Heller u. a. 1976). Es kann sich hierbei aber immer nur um Ausschnitte aus dem Intelligenzspektrum handeln, niemals um eine voll umfassende Untersuchung aller Intelligenzfaktoren. Dabei ist auch stets zu beachten, daß der Charakter des gewählten Ausschnitts sehr stark abhängig ist von den derzeit dominierenden Intelligenztheorien, von den Schul- und Berufsanforderungen in einer Epoche und in einem Land, für deren Bewältigung die Tests schließlich Vorhersagen gestatten sollen, letztlich also von den gesamten gesellschaftlichen Lebensbedingungen (s. Guthke 1980, Sternberg 1985). Gegenwärtig wird deshalb für Intelligenztests gefordert, daß sie neben den sprachlichen Anforderungen auch die technisch-praktische Intelligenz, das Operieren mit grafischen Symbolen, die Organisationsfähigkeit, die Fähigkeit zum Lösen komplexer, schwer durchschaubarer Probleme erfassen sollten, weil diese Fähigkeiten für die moderne Arbeitstätigkeit von besonderer Bedeutung sind.

Die Ausprägung der einzelnen Intelligenzfaktoren bei einem Menschen wird in einem *Intelligenzprofil* veranschaulicht. Hierbei werden die erhaltenen Untertestwerte durch Säulen dargestellt, die Durchschnittswerte der jeweiligen Bezugsgruppen (nach Alter und Schulabschluß) in den einzelnen Untertests und der individuelle Durchschnittswert (über alle Untertests) als Bezugslinie eingetragen, so daß unmittelbar die Spitzen und Senken des Intelligenzprofils in bezug auf die Altersgruppennormen und der eigenen Leistungsfähigkeit erkennbar werden. Dabei ist von Interesse, wie das Testprofil etwa mit dem Anforderungsprofil eines Berufs übereinstimmt.

In der Intelligenzdiagnostik wird oft unterschieden zwischen der Ausprägung einer mehr theoretisch-verbalen Intelligenz und einer eher praktisch-manipulativen Intelligenz. Das oben kurz beschriebene Formbrett stellt einen der ersten Handlungstests für die praktisch-manipulative Intelligenz dar. Weitere beliebte Handlungstests sind technische Konstruktionsaufgaben (im Rahmen spezieller Eignungstests für »technische Intelligenz«) oder Untertests aus dem HAWIE oder HAWIK wie »Zerschnittene Figuren zusammenlegen« oder das »Nachlegen von Mosaikmustern«. In der Klinik ist bei manchen Patienten mit guter oder sehr guter theoretisch-verbaler Intelligenz ein nahezu völliges Versagen bei diesen Handlungsanforderungen zu registrieren. Es kann sich hierbei um angeborene Begabungsdifferenzen, Übungsmangel, Folgen einseitiger Interessenausrichtung, aber auch um Folgen einer rechtsseitigen Schädigung der Großhirnrinde handeln. Der Lehre von der Hemisphärenlokalisierung psychischer Funktionen zufolge bestimmt die rechte Hirnhälfte vorwiegend Leistungen im

Beispielaufgabe des IST-Amthauer

SE = Satzergänzung
Aus fünf vorgeschlagenen Lösungsmöglichkeiten soll das Wort ausgewählt werden, das den Satz vervollständigt.
Beispiel: Ein Kaninchen hat am meisten Ähnlichkeit mit einem (einer)?
a) Katze b) Eichhörnchen c) Hasen d) Fuchs e) Igel

WA = Wortauswahl
Unter fünf vorgegebenen Wörtern soll das Wort gefunden werden, das vier untereinander ähnlichen Wörtern unähnlich ist.
Beispiel: a) Tisch b) Stuhl c) Vogel d) Schrank e) Bett

AN = Analogien
Es werden drei Wörter vorgegeben, von denen die ersten beiden in einer bestimmten Beziehung zueinander stehen. Aus fünf Wahlwörtern soll das Wort herausgefunden werden, das zu dem dritten Wort in ähnlicher Beziehung steht.
Beispiel: Wald : Bäume = Wiese :
a) Gräser b) Heu c) Futter d) Grün e) Weide

GE = Gemeinsamkeiten
Der übergeordnete Begriff soll bei zwei vorgegebenen Wörtern gefunden werden. Der Anfangsbuchstabe, der neben anderen Buchstaben gegeben ist, muß durchgestrichen und das gefundene Wort hingeschrieben werden.
Beispiel: Roggen – Weizen F G A T N
(Getreide ist aufzuschreiben und das G durchzustreichen)

RA = Rechenaufgaben
Es werden eingekleidete Rechenaufgaben gegeben. Das Ergebnis der Rechnung wird auf den Antwortbogen in einer Ziffernreihe von 1 bis 0 angekreuzt.
Beispiel: Ein Bleistift kostet 25 Pfg. Wieviel Pfg. kosten dann drei Bleistifte?
Lösung: 1 2 3 4 5 6 7 8 9 0

ZR = Zahlenreihen
Es werden nach einer bestimmten Regel aufgestellte Zahlenreihen vorgegeben, die nach dieser Regel fortgesetzt werden müssen.
Beispiel: 2 4 6 8 10 12 14 ?
Lösung: 1 2 3 4 5 6 7 8 9 0

Figurenauswahl
Es sind fünf geometrische Figuren gegeben. Darunter sind die Figuren in Teile zerlegt dargestellt. Der Proband soll angeben, welche der Figuren man durch das Zusammenfügen der einzelnen Teile erhält.
Beispiel:

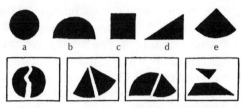

WÜ = Würfelaufgaben
Fünf Würfel – a bis e –, deren Seiten verschiedene Muster tragen, sind so vorgegeben, daß jeweils drei Seiten eines Würfels sichtbar sind. Darunter befinden sich die gleichen Würfel in veränderter Lage. Jeder dieser Würfel muß einem der Würfel a bis e zugeordnet werden, von dem er sich nur durch die Lage unterscheidet. Der Würfel kann gedreht, gekippt oder gedreht und gekippt worden sein.
Beispiel:

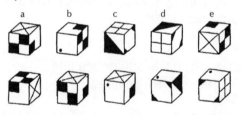

ME = Merkaufgaben
(Es handelt sich hier eigentlich um Untertest 5, der aber bei der Durchführung an letzter Stelle dargeboten wird.)
Der Proband hat drei Minuten Zeit, um je fünf Namen von Sportarten, Nahrungsmitteln, Städten, Berufen und Bauwerken auswendig zu lernen.

Abbildung 4: Beispielaufgaben des Intelligenzstrukturtests nach Amthauer (1970)

anschauungsgebundenen-praktischen Denken, während die linke Hirnhälfte mehr mit der verbalen Intelligenz in Verbindung steht (jeweils beim Rechtshänder). Demzufolge würde ein extremes Versagen bei verbalen Anforderungen (falls hierfür nicht primär Bildungsmängel verantwortlich zeichnen) für eine Linksseitenschädigung sprechen. Untersuchungen des Intelligenzprofils sind also auch in der Klinik wichtig, wenn es um die für rehabilitationspsychologische Maßnahmen notwendige Feststellung der psychischen Folgen von frühkindlichen Hirnschädigungen, Hirnverletzungen (z.B. infolge Unfalls) und degenerativen oder cerebrovaskulären (durchblutungsbedingten) Hirnfunktionsstörungen im mittleren und späten Erwachsenenalter geht. So versagen manche Hirngeschädigte – auch bei ansonsten normaler, manchmal sogar überdurchschnittlicher Gesamtintelligenz – im Mosaik-Test, da ihnen die hier gestellte visuomotorische Anforderung besondere Schwierigkeiten bereitet (s. a. Rauchfleisch 1994).

Die Suche nach kulturfreien und fairen Intelligenztests

Binet und seine Nachfolger waren bestrebt, Aufgaben für Intelligenztests zu finden, die möglichst unabhängig von der Schulausbildung und der Bildung im Elternhaus sind. Es sollte sich aber bald herausstellen, daß das Abschneiden in einem Intelligenztest zwar nicht in so hohem Maße von der Bildung bestimmt wird wie beispielsweise das Ergebnis einer schriftlichen oder mündlichen Schulprüfung, die Ergebnisse des Binet-Tests aber trotzdem in einem relativ hohen Grad von der verbalen Schulung im Elternhaus und in der Schule abhängen. Bereits Binet hatte festgestellt, daß die von ihm gestellte Frage: »Was ist der Unterschied zwischen einem Schmetterling und einer Fliege?« von vielen armen Pariser Kindern nicht beantwortet werden konnte, weil sie im Gegensatz zu den Kindern reicher Eltern, die im Sommer auf Land fuhren, noch nie einen Schmetterling gesehen hatten. Der russische Psychologe Rubinstein (1958) berichtet aus den dreißiger Jahren, daß bei den Oberbegriffsaufgaben die Frage: »Welches ist der Oberbegriff für Messer und Gabel?« für jene Kinder nicht beantwortbar war, die zu Hause nur mit dem Löffel aßen, so daß die Eltern natürlich nie das Wort »Besteck« benutzten. Aus dem Versagen bei solchen »Wissensfragen« auf eine mangelnde Abstraktionsfähigkeit oder Fähigkeit zur Oberbegriffsbildung zu schließen, war ein grundsätzlicher wissenschaftlicher Denkfehler, den Anhänger einer Richtung für reaktionäre bildungspolitische Schlußfolgerungen ausnutzten, die ihre Kritiker (vgl. Friedrich 1979) als »bürgerliche Begabungstheorie« etikettierten. Behauptet wurde, daß das schlechtere Abschneiden von Kindern der unteren Schichten beziehungsweise bestimmter Rassen in solchen Intelligenztests auf einer angeborenen geringeren Begabung dieser Kinder beruhe, wobei man die Rolle der Bildungs- und allgemeinen Lebensbedingungen für die Entwicklung geistiger Fähigkeiten und Kenntnisse vernachlässigte.

Unter diesem Aspekt gesehen erscheint die Suche nicht weniger Psychologen nach kultur- und bildungsfreien Testverfahren zunächst als progressiv und humanistisch. Als dann erkannt worden war, daß insbesondere sprachliche Intelligenzaufgaben (also Oberbegriffsbildung, Wortschatz, verbale Analogien, Satzergänzungen usw.) in hohem Grad von der Bildung abhängig sind, orientierte man sich auf die Entwicklung sprachfreier Tests. Die erwähnten praktisch-manipulativ zu lösenden »Handlungstests« erwiesen sich ebenfalls als hochgradig von Vorerfahrungen abhängig. Ein weltberühmter Test, der eine solche sprachfreie und bildungsunabhängige Intelligenzprüfung angeblich ermöglichen soll, ist der von dem englischen Psychologen Raven (1971) entwickelte *Progressive Matrizen Test*. Die Abbildungen 5 und 6 veranschaulichen die Aufgaben. Mit solchen Aufgaben wird man in der Schule oder im Elternhaus nicht konfrontiert.

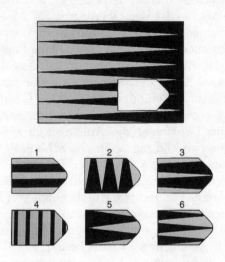

Abbildung 5: Eine sehr leichte Aufgabe aus dem Progressiven Matrizentest von Raven (die ausgesparte Lücke im Muster ist durch eines der »Angebotsstücke« richtig zu ergänzen).

Auch der von Cattell entwickelte *Grundintelligenztest* (s. Weiss 1971, 1972) soll eine kulturunabhängige Messung ermöglichen (s. Abb. 7, S. 52). Die Erwartung jedoch, daß die Ergebnisse bei diesen Tests milieu- und kulturunabhängig seien und die Intelligenzanlagen »rein« messen würden, erwies sich als Trugschluß. So wurde bei Nachuntersuchungen in den 80er Jahren festgestellt, daß die Ergebnisse solcher Tests weder stabilere Werte liefern (was bei der angenommenen Determination der Testergebnisse durch die Anlage zu erwarten wäre!) noch

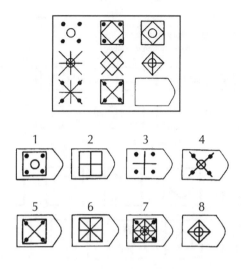

Abbildung 6: Eine schwierige Aufgabe aus dem Raven-Test

umweltunabhängiger sind als Verbaltests (Langfeldt u. Nagel 1982). Diese Befunde stehen auch in Übereinstimmung mit von Horn (1985, ref. in Waldmann u. Weinert 1990) berichteten Ergebnissen, nach denen sich der genetische Anteil bei sogenannten bildhaften (»fluiden« nach Cattell) Intelligenzleistungen nicht von dem unterscheidet, den man bei mehr sprachbezogenen Fähigkeiten (sogenannte kristallisierte Intelligenz nach Cattell) findet. Nach neueren Studien bei Adoptionskindern fand man heraus, daß erstaunlicherweise die höchsten Korrelationen bei den Verbaltests gefunden wurden, als man die Leistungen der Adoptivkinder mit denen ihrer leiblichen Mütter verglich (die keinen Kontakt mit den Kindern hatten). Aus diesen und anderen Befunden zog Horn bereits 1985 den bisher kaum beachteten Schluß (vgl. aber bereits unsere Vermutung in Guthke 1980), daß entgegen allen bisherigen Annahmen in der Intelligenzforschung Tests der sogenannten kristallisierten, stark sprachab-

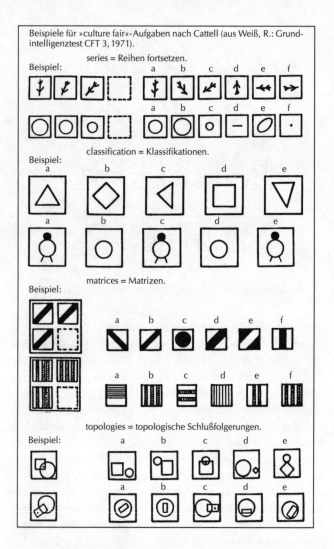

Abbildung 7: Aufgabentypen des Cattell-Tests

hängigen Intelligenz einen höheren Vererbungsanteil haben als die sogenannten fluiden, anschauungsgebundenen Intelligenzleistungen vom Raven- und Cattell-Test-Typ. Daß diese Aufgaben keinesfalls so kulturunabhängig messen wie oft behauptet, zeigen auch folgende Untersuchungsbefunde:

Unser syrischer Aspirant Al-Zoubi registrierte massive Testwertdifferenzen zwischen deutschen Kindern am Ende des 1. Schuljahres und syrischen Kindern im *Farbigen Kinder-Raven-Test*. Diese verschwanden auch nicht nach einer Trainingsphase. Taschinski (1985) beobachtete, daß türkische Gastarbeiterkinder ihre Leistungen in Abhängigkeit von der Dauer des Aufenthaltes in der BRD ständig mehr an die der deutschen Kinder anglichen. Es käme wohl auch niemand auf die Idee, Anlagedifferenzen zwischen Ex-DDR- und BRD-Kindern anzunehmen, falls diese im Raven-Test Unterschiede zeigen sollten. Wir konnten beim Vergleich von 129 BRD- und 166 DDR-Kindern solche Unterschiede zu Schulbeginn feststellen, wobei hierfür nach meiner Meinung die Vorschulerziehung durch den Kindergarten (der bekanntlich in der DDR von viel mehr Kindern als in der BRD besucht wurde) verantwortlich ist. Wenn auch die Kinder im Kindergarten nicht direkt mit der Lösung solcher oder ähnlicher Testaufgaben vertraut gemacht werden, so werden doch in den Beschäftigungen systematisch die Operationen des Vergleichens geübt (Feststellung von Identitäten und Unterschieden), die auch für die Bewältigung der Raven-Aufgaben von großer Bedeutung sind. Untersuchungen zeigten weiterhin, daß die Raven-Leistung hoch mit der Mathematik-Leistung korreliert. Offenbar fordert und fördert der Mathematikunterricht im besonderen Maße jene Denkoperationen, die auch der Raven-Test verlangt. So ist vorstellbar, daß der Unterricht in Fächern, in denen die grafische Veranschaulichung eine große Rolle spielt (Technisches Zeichnen,

Geometrie, Künstlerisches Gestalten usw.) sich unmittelbar auf die Raven-Leistung auswirkt. Verbalisieren Testanden bei der Aufgabenlösung, das heißt, sprechen sie leise oder laut vor sich hin (z.B. »Das ändert sich so – aha – und das bleibt gleich, also wenn ich das auch hier mache, müßte eigentlich ...« usw.), erreichen sie bei diesem angeblich sprachfreien figuralen Matrizen-Test bessere Leistungen im Vergleich zu nicht verbalisierenden Versuchspersonen. Damit wird also auch eine völlig sprachfreie Intelligenzprüfung zur Illusion (obwohl sich der Raven-Test natürlich besser als andere Tests für die Untersuchung Gehörloser oder Sprachunkundiger bzw. Sprachbehinderter eignet).

Durch diese Untersuchungen und Überlegungen wird wiederum eine Grundeinsicht der neueren Psychologie bestätigt: Alle psychischen Eigenschaften und Fähigkeiten des Menschen bilden sich im dialektischen Wechselspiel von Anlagekomponenten (die sich individuell unterscheiden) und Umgebungsbedingungen, das heißt in der aktiven Auseinandersetzung (Tätigkeit) des Individuums mit seiner Umwelt, zu der neben den Bildungs- und Lernbedingungen in Elternhaus und Schule auch das emotionale Klima, Umwelteinflüsse im weitesten Sinne des Wortes, erlittene Unfälle, Krankheiten und vieles mehr gehören. Damit wird die Suche nach Intelligenztests, die die Intelligenzanlage eines Kindes »völlig rein«, unabhängig von der unter bestimmten Lebensbedingungen verlaufenden »Lerngeschichte« des Indivduums untersuchen, von vornherein fragwürdig.

Wie wird ein Test »konstruiert«?

Die *Psychometrie* oder auch Verfahrenstheorielehre für die Konstruktion und Güteüberprüfung psychologischer Testverfahren entstand – basierend auf den Vorarbeiten von Spearmann, Galton und Pearson – in den zwanziger und dreißiger Jahren unseres Jahrhunderts. Dabei stand zunächst die Frage der Zuverlässigkeit (Genauigkeit) der Messungen mit Hilfe von Tests im Vordergrund. Gegenüber »geisteswissenschaftlich« eingestellten Psychologen, die im Unterschied zu den exakten Naturwissenschaften das Erklären und Messen für die Psychologie für unangebracht hielten und lediglich die Möglichkeit des Verstehens und Einfühlens in das Fremdseelische als Zugangsquelle des Psychologen anerkannten, galt es zunächst, die Meßbarkeit des Psychischen zu behaupten.

Seit Hegel wird in der Philosophie die dialektische Einheit von Qualität und Quantität betont. Das Psychische dürfte hier keine Ausnahme machen. Demzufolge ist die Anwendung von Messung und Mathematik auch in der Psychodiagnostik zunächst prinzipiell gerechtfertigt. Marx hat einmal bemerkt (zit. nach Lafargue 1961, S. 213), »daß eine Wissenschaft erst dann richtig entwickelt war, wenn sie dahin gelangt war, sich der Mathematik bedienen zu können«. Dabei geht es allerdings immer um eine adäquate, sinnvolle Verwendung mathematischer Methoden, die durch den theoretischen Erkenntnisstand einer Wissenschaft über ihren Untersuchungsgegenstand bestimmt wird (s. Guthke u. a. 1990).

Kein ernsthafter »Psychometriker« hat jemals behauptet, daß man *die* Persönlichkeit oder *den* Menschen als Ganzes »vermessen« kann. Messen kann man immer nur einzelne Leistungen oder Verhaltensäußerungen in einem Test, der spezielle Eigenschaften dieser Persönlichkeit (Fähigkeiten, Einstellungen usw.) abbildet.

Wenn man von Messung spricht, ist stets zu beachten, daß es verschiedene *Meßskalenniveaus* gibt (s. hierzu Gutjahr 1971). Auch unter den Psychometrikern ist noch umstritten, auf welchem Meßskalenniveau man mit Tests eigentlich messen kann.

Registriert man den Zeitverbrauch in Sekunden (z.B. bei der Lösung einer Intelligenzaufgabe oder bei der Reaktionsanforderung), dann ist zumindest die Testleistung (nicht aber unmittelbar die dahinter vermutete und eigentlich interessierende Eigenschaft; hier also Intelligenz oder Reaktionsschnelligkeit) auf einem sehr hohen Meßniveau meßbar. In diesem Fall mit Hilfe einer *Proportionsskala*, bei der es einen Nullpunkt und gleiche Abstände auf der Skala aufgrund einer festgelegten Meßeinheit gibt (cm/g/s, System der Physik). Sind nun aber die Punktwerte eines Intelligenztests (z.B. für die Aufgaben, die gelöst wurden) als Meßwerte zu interpretieren? Einig sind sich die Psychometriker darin, daß dies in der Regel nicht der Fall sein dürfte, sondern daß man diese »Rohwerte« erst nach Prüfung von Modellvoraussetzungen und nach bestimmten Umrechnungsprozeduren, die hier nicht dargestellt werden können (s. Guthke u. a. 1990), in Meßwerte umwandeln muß. Diese sind dann zum Beispiel die sogenannten *Standardwerte*. Welches Skalenniveau man hier optimal erreichen kann, ist wiederum umstritten. Zumindest kann man aber *Ordinalskalenniveau* annehmen, das heißt, die Testwerte gestatten eine Rangordnung der Untersuchten. (Beispiel: Fritz ist besser als Paul und dieser wieder besser als Peter usw.). Die Gleichabständigkeit der Meßwerte (die Äquidistanz, wie z.B. bei den Celsius-Temperaturskalen) ist die Voraussetzung für eine Messung auf *Intervallskalenniveau*. Es ist auch möglich, daß ein Test Menschen nicht im Sinne einer Intervallskala hinsichtlich der Ausprägung bestimmter psychischer Eigenschaften »vermißt«, sondern lediglich eine Klassifikation nach bestimmten Kriterien zuläßt, zum Beispiel farbtüchtig / nicht farbtüchtig, sonderschulbedürftig / normalschulfähig, geeignet / nicht geeignet, psychisch auffällig / psychisch gesund, wobei hier eine *Nominalskala* benutzt wird.

Es existieren heute sehr umfangreiche Lehrbücher zur Testkonstruktion (z.B. Lienert u. Raatz 1994, Guthke u. a. 1990), deren Inhalt hier nicht annähernd wiedergegeben werden kann. In diesen Lehrbüchern werden im wesentlichen folgende Schritte der Testkonstruktion unterschieden.

Theoretische Analyse des »Diagnostizierungsgegenstandes« – Was ist Intelligenz?

Jede Testkonstruktion hat damit zu beginnen, daß der Testkonstrukteur sich detailliert mit dem Erkenntnisstand zum angezielten »Diagnostizierungsgegenstand« – Intelligenz, Angst, Neurose, Kooperationsfähigkeit und so weiter – vertraut macht. Gibt es konkurrierende Theorien, muß er sich für eine entscheiden oder eine Synthese verschiedener theoretischer Ansätze versuchen. Möglicherweise entwickelt er selbst einen eigenen theoretischen Ansatz. Auf jeden Fall sollte aber der Testanwender erkennen können, auf welche theoretische Grundlage sich der Testautor bezieht. Leider muß man feststellen, daß nicht wenige Testautoren eine solche gründliche Vorarbeit gescheut haben oder wegen der verwirrenden Vielfalt unterschiedlicher theoretischer Konzepte die Suche nach einer theoretischen Fundierung ihres Verfahrens resignierend aufgaben.

Tests wurden und werden daher nicht selten vorwiegend nach dem »gesunden psychologischen Menschenverstand« konstruiert. Dies gilt cum grano salis für Intelligenztests, obwohl sich die Autoren hier meist auf die faktoranalytischen Intelligenzmodelle beziehen. Dieses

Buch kann auch nicht annähernd die vielen theoretischen und experimentellen Arbeiten und Überlegungen zur Intelligenzproblematik unter allgemeinpsychologischen und differentialpsychologischen Aspekten wiedergeben. Der speziell interessierte Leser sei daher nur auf einige grundlegende – vor allem deutschsprachige – Bücher hingewiesen: Eysenck (1980), Guthke (1980), Ueckert (1980), Klix (1980), Sternberg (1985), Amelang und Bartussek (1990), Waldmann und Weinert (1990). Es gibt in der Spezialliteratur Dutzende von Intelligenzdefinitionen, die sich zum Teil erheblich voneinander unterscheiden. Die Intelligenz wird heute aber allgemein als ein »Oberbegriff« (»Superkonstrukt«, vgl. Westmeyer 1976) für verschiedene allgemeine geistige Fähigkeiten aufgefaßt (zum Fähigkeitsbegriff und zur Definition sogenannter allgemeiner geistiger Fähigkeiten siehe Lompscher 1972). Obwohl seit Jahrzehnten psychologische Intelligenzforschung betrieben wird, haben die Psychologen bis heute noch keine einheitlich akzeptierte Intelligenzdefinition und genauere Bestimmung der allgemeinen geistigen Fähigkeiten, die die Intelligenz konstituieren, zustande gebracht. Unterschiedliche theoretische Modelle und Definitionsvorschläge konkurrieren miteinander. Daher unterstützen heute nicht wenige die 1923 von Boring gegebene, damals aber mehr ironisch gemeinte Intelligenzdefinition: »Intelligenz ist das, was der Intelligenztest mißt.« Gäbe es bereits den allgemein akzeptierten und theoretisch befriedigend begründeten Intelligenztest, ließe sich eine solche sogenannte operationale Definition durchaus als vorläufiges Verständigungsmittel akzeptieren. Zur Zeit gibt es eine Vielzahl von Intelligenztests, aber nicht einen einzigen auch nur in einem Land allgemein als verbindlich erklärten Test. Vor einer theoretischen Klärung und Einigung unter den Psychologen über das Wesen des Gegenstandes »Intelligenz« wird es einen solchen auch nicht geben können. In meinem Versuch einer Nominaldefinition der Intelligenz wird vor allem auf die in den meisten Intelligenzdefinitionen betonte Befähigung zur Lösung von (für das Individuum neuer) »Denkprobleme« Bezug genommen, also Intelligenz mit »Denkfähigkeit« gleichgesetzt:

⇨ Intelligenz ist der Oberbegriff für die hierarchisch strukturierte Gesamtheit jener allgemeinen geistigen Fähigkeiten (Faktoren, Dimensionen), die das Niveau und die Qualität der Denkprozesse einer Persönlichkeit bestimmen und mit deren Hilfe die für das Handeln wesentlichen Eigenschaften einer Problemsituation in ihren Zusammenhängen erkannt und die Situation gemäß dieser Einsicht entsprechend bestimmten Zielstellungen verändert werden kann.

Klix (1983; s. auch Hacker 1973) betont die Bedeutung der Zielstellung für intelligentes Handeln und beschreibt Intelligenz als die Fähigkeit zur Organisation von Teilfunktionen der Erkenntnistätigkeit in einer solchen Art und Weise, daß ein gegebenes Ziel auf möglichst effektive, das heißt auch auf einfache Weise, erreicht werden kann. Die für intelligentes Handeln typische Einsparung an »kognitivem Aufwand« wird vor allem durch Komplexitätsreduktion in der Phase der internen Problemrepräsentation erreicht.

Eine Folgerung aus der Intelligenzdefinition sei erwähnt: Die Orientierung auf »Problemsituationen« unterschiedlicher Komplexität schließt aus, daß reine Fertigkeitsprüfungen (z.B. Beherrschung der vier Grundrechenarten) oder reine Wissensfragen (»Wie heißt die Hauptstadt von Italien?«) als Intelligenztests Verwendung finden sollten. Trotzdem werden solche und ähnliche Testaufgaben in manchen Intelligenztests auch heute noch gestellt. Gerade Tests der sogenannten kristallisierten Intelligenz (nach Cattell) enthalten stark wissensabhängige Anforderungen. In Anbetracht der Erkenntnisse der modernen kognitiven Psychologie und speziell der Wissenspsychologie (vgl. Mandl u. Spada 1988) über die große Bedeutung des gut strukturierten und vielseitig einsetzbaren Sach- und Prozedurwissens für die Bewältigung alltäglicher Problemstellungen in Schule, Beruf, Studium sind intelligente Leistungen natürlich nicht nur auf das Funktionieren formaler Denkoperationen und »abstrakter allgemeiner Denkfähigkeiten« rückführbar. Baltes (1983, S. 84) schreibt daher auch: »Intelligenz ist nicht nur die Fähigkeit der Informationsverarbeitung und des logischen Denkens, sondern auch die Fähigkeit des Aneignens, Organisierens und Gebrauchens von Kulturwissen.« Intelligenz ist aber nicht primär an der Menge des angeeigneten Wissens ablesbar (obwohl dessen Feststellung im Rahmen einer umfassenderen Leistungsdiagnostik, z.B. durch curriculumbezogene Tests, sicherlich auch wichtig ist), sondern an der Fähigkeit, neues Wissen zu erwerben und dies dann auch sinnvoll zur Lösung von Problemen anzuwenden (auch bei Sternberg 1985 ist der Faktor *knowledge acquisition* ein entscheidender Bestandteil seiner Intelligenztheorie).

Festlegung des Entscheidungssachverhalts
und der Zielpopulation

Tests dienen in der Regel zur Erleichterung einer diagnostischen Entscheidungsfindung. Beispiele wären: Handelt es um ein schulfähiges Kind? Ist der Schüler für ein Gymnasium geeignet? Ist A für diesen Beruf geeignet? Hat ein Schüler das Lernziel erreicht? Der Testkonstrukteur sollte überlegen, welchen Beitrag der Test im Ensemble anderer, darüber hinaus angewandter psychodiagnostischer Methoden und weiterer Informationsquellen (z.B. Lehrerurteil, Vorgeschichte, Selbsteinschätzung) für die Entscheidungsfindung leisten kann. Dabei wird ein seriöser Testautor niemals den Anspruch erheben, daß solche komplexen und schwierigen Entscheidungen nur allein aufgrund *eines* Testergebnisses gefällt werden können. Ein Testbefund hat wie in einem Gerichtsprozeß sozusagen nur die Funktion eines Beweismittels, der »Richter« (Psychologe bzw. Auftraggeber) sollte aber erst nach Abwägung aller vorhandenen Beweismittel und Zeugenaussagen sein Urteil fällen.

Natürlich muß der Testkonstrukteur sich auch darüber im klaren sein, für welche Zielpopulation – also beispielsweise Schüler der 1.–10. Klasse oder nur Abiturienten – der Test konstruiert werden soll. Danach sind die Instruktion und die Testaufgaben unterschiedlich zu gestalten.

Herstellung der Testvorform

Aufgrund der theoretischen Vorarbeiten und empirischer Pilotstudien (Befragung von Experten, denen man die Aufgaben vorlegte, Probeuntersuchungen an einigen Probanden) erstellt der Testkonstrukteur zunächst eine Vorform des Verfahrens, die meist aus mehr Aufgaben besteht, als für die Endform vorgesehen sind. Man muß damit rechnen, daß bei der Überprüfung der Testvorform oft über ein Drittel der Aufgaben (sogenannte »Items« in der testtheoretischen Terminologie) als ungeeignet eliminiert werden muß. Dabei sollte für den Testanwender ersichtlich sein, aufgrund welcher Überlegungen und Regeln der Testkonstrukteur aus dem im Prinzip sehr großen »Aufgabenuniversum« (überhaupt mögliche Aufgabenstellungen in einem bestimmten Diagnostizierungsbereich) eine Aufgabenstichprobe (Itempool) zusammenstellte.

Überprüfung der Testvorform in der Aufgabenanalyse

Nunmehr wird die Testvorform mit einer Analysenstichprobe von Probanden durchgeführt, die eine möglichst repräsentative Stichprobe der Zielpopulation (z.B. Schulanfänger) darstellt. Dabei wird überprüft, ob die Instruktion ohne Schwierigkeiten begriffen wird, wie die Aufgaben »ankommen« und wie häufig sie richtig (bei Leistungstests) beziehungsweise auf welche Art und Weise (bei Fragebogen) sie beantwortet werden (Schwierigkeit bzw. Zuordnungswahrscheinlichkeit der Items). Außerdem wird überprüft, ob die einzelnen Items das zu untersuchende »Persönlichkeitsmerkmal« auch wirklich erfassen und in welchem Grad sie das tun. Dabei geht man von der – zu diesem Zeitpunkt allerdings noch unbewiesenen – Hypothese aus, daß der Gesamtpunktwert eines Tests dieses Merkmal wohl am besten widerspiegelt. Daher wird das Abschneiden bei der einzelnen Testaufgabe mit dem Gesamtpunktwert verglichen. Ist die Aufgabe »trennscharf«, dann müßten die nach dem Gesamtpunktwert »Intelligentesten« auch diese Aufgabe lösen, während die weniger Intelligenten hier versagen. Die Trennschärfe der einzelnen Items werden mit Hilfe der oben erwähnten Korrelationsmethode bestimmt. Bevor man solche Trennschärfen bestimmt, müßte man aber eigentlich noch genauer prüfen, ob man beim Gesamtpunktwert eines Intelligenztests (oder Untertests einer Testbatterie) »Äpfel mit Birnen« zusammenzählt oder wirklich auf einer homogenen Dimension mißt. Diese probabilistische oder moderne Testtheorie (vgl. Fischer 1974, Rost 1996) macht der klassischen Testtheorie (vgl. Lienert u. Raatz 1984), nach der heute fast noch alle Tests konstruiert sind, den Vorwurf, daß sie diese Prüfung nicht genügend exakt vornimmt. Die moderne Testtheorie enthält Modellprüfungen, die wegen ihrer Kompliziertheit hier auch nicht annähernd dargestellt werden können (zu deren möglichen Grenzen und Restriktionen s. Guthke u. a. 1990), mit deren Hilfe besser geprüft werden kann, ob ein Test auch wirklich die angezielte Fähigkeit auf einer »homogenen Dimension« mißt. Inzwischen gibt es auch in Deutschland einige Testverfahren zur Intelligenzdiagnostik (vgl. z.B. *Adaptives Intelligenzdiagnosticum* nach Kubinger u. Wurst 1991, s. auch unten), die nach dieser neuen Testtheorie entwickelt wurden.

Aufgabenselektion/Aufgabenrevision

Aufgrund der Schwierigkeits-Trennschärfen- und spezieller Homogenitätsanalysen werden nunmehr alle Aufgaben entfernt, die bestimmten Kriterien nicht entsprechen, also zu leicht oder zu schwierig sind, nicht genügend trennen oder etwas anderes messen, als man eigentlich bei der Testkonstruktion angezielt hat. Manchmal muß eine neue Testvorform erstellt und überprüft werden, weil zu viele Aufgaben den Ansprüchen nicht genügten. In der Regel kommt es aber nun zu einer korrigierten und »gereinigten« zweiten Testvorform, die dann einer weiteren Güteüberprüfung unterzogen wird.

Überprüfung der Gütekriterien

Ehe ein Test ein »Testgütesiegel« bekommt, muß zumindest die Erfüllung folgender Hauptgütekriterien überprüft sein:
Objektivität (Konkordanz): Die Durchführungs- und Auswertungsvorschriften eines Tests müssen für die Testleiter so eindeutig sein, daß verschiedene Testleiter bei den gleichen Testanden zu den gleichen Ergebnissen kommen. Indem man die gleichen Testbefunde verschie-

denen Auswertern vorgibt und dann die Interpretationen vergleicht, kann man die Interpretationskonkordanz (Übereinstimmung) feststellen.

Zuverlässigkeit / Reliabilität: Hierunter versteht man die Genauigkeit (Exaktheit) der Messung, unabhängig von der Frage, was gemessen wird. So wäre etwa ein Gummiband ein sehr unzuverlässiges Maß für die Körpergrößenmessung. Die Genauigkeit einer psychologischen Messung kann durch vielerlei Umstände beeinträchtigt werden, die im Testinstrument selbst (instrumentelle Zuverlässigkeit), in der Art der Testdurchführung (z.B. mangelnde Durchführungsobjektivität) oder in dem Getesteten (Dispositionsschwankungen) liegen. Um die Zuverlässigkeit der Messung feststellen zu können, müßte man eigentlich den Testanden mehrfach untersuchen und dann registrieren, inwieweit die einzelnen Testergebnisse übereinstimmen. Dies ist aber in der Regel nicht möglich, da viele Testungen die »Versuchsperson« (denn um eine solche handelt es sich dann wirklich) übersättigen würden und Übungs- und Motivationseinflüsse in unkontrollierbarem Ausmaß die Testergebnisse beeinflussen. Man hilft sich in der Testtheorie damit, daß man annimmt, daß ein Test um so zuverlässiger mißt, je übereinstimmender bei einer Wiederholung die Unterschiede zwischen den Getesteten reproduziert werden. Wenn also zum Beispiel im Test 1 die Rangordnung der Probanden hinsichtlich der Ausprägung des gemessenen Merkmals: Fritz, Emil, Karl, Anton ist, muß sich diese im Falle einer hohen Zuverlässigkeit bei Test 2 genauso oder nur mit leichten Abweichungen erneut ergeben. Die Wiederholung kann durch eine Retestung (derselbe Test wird nochmals vorgegeben) oder eine Paralleltestung (eine sehr ähnliche Aufgabenserie wird verwendet) realisiert werden. Man kann auch die gleichartigen Aufgaben eines Tests als Wiederholung auffassen und prüft dann, inwieweit die Leistung bei einzelnen Aufgaben oder

Testteilen (z.B. Testhälften, Halbierungsmethoden) übereinstimmt. In diesem Falle der Zuverlässigkeitprüfung benötigt man also nur eine Testsitzung. Bei all diesen Zuverlässigkeitsprüfungen wird wieder die Korrelationsmethode zur Feststellung der Reliabilitätskennwerte eingesetzt. Für die verschiedenen Zwecke von Tests (Forschung bzw. Gruppenunterschiedsfeststellungen oder lebenswichtige Individualentscheidungen) werden unterschiedliche Anforderungen an die Höhe dieser Zuverlässigkeitskoeffizienten gestellt.

Gültigkeit/Validität: Hierunter versteht man den Grad der Genauigkeit oder Treffsicherheit, mit dem ein Test mißt, was er messen soll. Es nützt überhaupt nichts, wenn ein Test sehr zuverlässig mißt, aber nicht das erfaßt, was der Testkonstrukteur eigentlich untersuchen wollte. Es gibt verschiedene Techniken und Vorgehensweisen zur Überprüfung der Gültigkeit, die hier nicht näher beschrieben werden können. Am einfachsten ist noch die Gültigkeitsprüfung, wenn man bestimmte Außenkriterien für die Testsicherheit des Tests gewinnen kann. Soll beispielsweise ein Test voraussagen, ob ein Testand die 1. Klasse erfolgreich besuchen wird (Schulfähigkeitstest), dann wird man überprüfen, inwieweit die Testergebnisse tatsächlich die Schulbewährung richtig voraussagten (durch Bestimmung von Korrelation und Trefferraten). Viel schwieriger gestaltet sich dagegen die Gültigkeitsüberprüfung, wenn man für die getestete psychische Eigenschaft »in der Welt draußen« kein sicheres Außenkriterium findet. So wurden und werden zwar Intelligenztests gewöhnlich am Intelligenzschätzurteil des Lehrers und an Zensuren validiert, gleichzeitig ist man sich aber der Fragwürdigkeit dieses Vorgehens bewußt. Wenn nämlich Lehrerurteile und Zensuren solch ein unanfechtbares Intelligenzkriterium wären, bräuchte man ja eigentlich gar keine Intelligenztests durchzuführen. Man sucht daher gerade in der letzten Zeit verstärkt nach theoriebezogenen Validierungsstrategien (»Konstruktvalidierungen«). Dabei werden aus der Theorie gewisse Hypothesen über den Zusammenhang zwischen verschiedenen gemessenen Eigenschaften, sogenannten Konstrukten (z.B. Intelligenz und Erkenntnisstreben bzw. Angst und Neurosenneigung), oder über das vermutete Verhalten in bestimmten Situationen (z.B.: ein ängstlicher Mensch wird sich in einer Zeitdrucksituation in anderer Art und Weise verhalten als ein nicht ängstlicher Mensch) abgeleitet. Treffen diese theoretisch begründeten Aussagen bei entsprechend dem Testergebnis klassifizierten Personen zu (= Verifizierung der Hypothesen), dann ist damit nicht nur die Theorie, sondern auch das Meßinstrument in seiner Gültigkeit bestätigt.

Beim Nichtzutreffen (Falsifizierung der Hypothese) ist die Sachlage schwieriger; entweder ist das Meßinstrument ungeeignet, oder die Theorie stimmt nicht. Manchmal trifft leider beides zu.

Normierung der Tests

Will man Testergebnisse von verschiedenen Personen miteinander vergleichen, so benötigt man einen Maßstab hierfür. In der bisher entwickelten Testtheorie und Testpraxis ist dies in der Regel ein statistischer Maßstab. Man stellt zunächst fest, welche Testpunktwerte von den einzelnen Testanden einer repräsentativen Eichstichprobe erreicht wurden. Wichtig ist dann vor allem die Feststellung des arithmetischen Mittels und der Streuung der Testwerte um dieses Mittel. Mit Hilfe dieser Kennwerte lassen sich dann Normwerttabellen erstellen. Wie bei Meinungsumfragen wird die repräsentative Eichstichprobe aus der Grundgesamtheit (Zielpopulation) nach bestimmten Auswahlgesichtspunkten zusammengestellt. Diese Auswahl wird durch die Überlegung bestimmt, ob sich beispielsweise Geschlecht, Bildung und Alter auf die Testergebnisse auswirken könnten. Nimmt man etwa an, daß der Schulabschluß die Testergebnisse beeinflußt, müßte man in einer repräsentativen Eichstichprobe von Erwachsenen eines bestimmten Alters die nach dem Statistischen Jahrbuch ausgewiesene Prozentzahlen Erwachsener mit einem bestimmten Schulabschluß (z.B. haben 20% Hoch- und Fachschulabschluß) auch in der Stichprobe in entsprechender Anzahl wiederfinden. Die Geschlechter sollten auf jeden Fall gleich stark in der Stichprobe vertreten sein. Meist benötigt man mehrere Hundert Probanden für solche Normierungsstichproben, bei großem Geltungsbereich des Tests sogar mehrere Tausend. Es gibt verschiedene Berechnungsmethoden für Normen und unterschiedliche Normwerte. Bei den sehr einfachen sogenannten Prozenträngen (Percentilwerten) geht man nicht von Mittelwerten und Streuungen in der Eichstichprobe aus, sondern summiert einfach die prozentualen Häufigkeiten in der Stichprobenverteilung. Man stellt etwa fest, daß 5% der Eichstichprobe nur 0–3 Punkte im Test erreicht haben, nochmals 5% 4–6 Punkte, also summiert 10% 0–6 Punkte und so weiter. Mit 6 Punkten hätte man also den Prozentrang 10. Zum Beispiel bedeutet der Prozentrang 76, daß der Testand, der diesen Wert erreicht hat, zu dem besten Viertel seiner Bezugsgruppe im Test gehört. Auch der Intelligenzquotient ist ein Normwert und wird heute in der Regel über den Mittelwert und die Streuung in einer Bezugsstichprobe (Eichstichprobe) bestimmt.

Mit der Normierung ist die letzte Etappe der oft sehr langwierigen und – wie aus dieser Kurzdarstellung nur annähernd ersichtlich – aufwendigen und teuren Testkonstruktion für wirklich seriöse Verfahren abgeschlossen. Es sei noch hinzugefügt, daß man Normen nicht nur rein statistisch, sondern auch unter Bezug auf gesellschaftliche »Normative« (z.B. Lehrplanziele, Ausbildungsstandards für berufliche Anforderungen, Therapieziele) gewinnen kann. Der Test mißt dann den Abstand zu solchen Zielen beziehungsweise die Erfüllung oder Nichterfüllung der Normative. Werden die »Normative« exakt quantifiziert, lassen sich wiederum statistische Methoden bei der Konstruktion und Prüfung solcher dann kriterienorientierter Leistungstests (vgl. Klauer 1987) anwenden.

TEIL II

Alternativen zum herkömmlichen Intelligenztest

Der »maßgeschneiderte« Test

Beim herkömmlichen Test beginnt die Testdurchführung meist mit sehr einfachen Aufgaben, und man bricht als Versuchsleiter den Test ab, wenn ein bestimmtes Abbruchkriterium erreicht wurde (z.B. 5 Minuslösungen hintereinander). Dieses Vorgehen hat aber beträchtliche Nachteile, wie man sich leicht denken kann. Auch Hochintelligente müssen zunächst für sie sehr einfache Aufgaben lösen und werden deshalb für die weitere Testdurchführung demotiviert. (»Will der mich auf den Arm nehmen?« »Was ist denn das für ein Quatsch?«) Sehr viele Untersuchte schließen den jeweiligen Untertest mit einer Serie von Mißerfolgen ab (bei den für sie zu schwierigen Aufgaben am Testende), was auch nicht gerade für die Testung mit den folgenden Untertests motiviert. Von seiten der Testanwender wird am konventionellen Vorgehen oft beklagt, daß hierbei die Testanden zum Teil mit Aufgaben konfrontiert werden, die überhaupt nicht zur diagnostischen Differenzierung der Testanden dienen (beispielsweise sehr leichte Aufgaben taugen nicht für die Differenzierung im überdurchschnittlichen Intelligenzbereich), und daß diese Konfrontation mit ungeeigneten Aufgaben zu einer unnötigen Testverlängerung und damit zur Herabsetzung der Testökonomie führt. Nun muß man sich bei dieser Argumentation fragen, warum Testkonstrukteure nicht von vornherein diese doch einleuchtenden Kritikpunkte beachten. Der Test soll in der Regel Unterschiede zwischen Testanden feststellen und für einen möglichst großen Geltungsbereich (also über viele Intelligenz- und Altersstufen hinweg) einsetzbar sein. Demzufolge müssen wegen der im experimentellen Vorgehen notwendigen Vergleichbarkeit der Anforderungen allen Probanden alle Aufgaben (bis zu einem Abbruchkriterium) zur Lösung angeboten werden. Bei der Strategie des adaptiven Testens versucht man, diese Anforderungen mit der Forderung nach einer Anpassung an das jeweils untersuchte Individuum zu verknüpfen. Es gibt hierfür verschiedene Realisierungsvorschläge, von denen ich hier zwei vorstelle. Der sogenannte Pyramidaltestaufbau (s. Abb. 8) enthält eine Aufgabensammlung (Itempool), bei der an der Spitze zunächst ein Item (Nr. 1) mit mittlerer Schwierigkeit steht. Wird es von dem Testanden gelöst, bekommt er ein Item auf der nächst höheren Schwierigkeitsstufe (Nr. 3). Wäre es nicht gelöst worden, hätte man ihm ein leichteres Item (Nr. 2) gegeben. In unserem Beispiel (in Abb. 8) tritt ein Versagen erst bei Item Nr. 10 auf, so daß an dieser Stelle ein leichteres Item vorgegeben werden muß. Wie der Versuchsablauf in der Abbildung erkennen läßt, müssen bei dieser, dem Individuum und seiner im Test sich aktuell äußernden Leistungsfähigkeit angepaßten Testung statt wie bisher 55 nur noch 10 Items gegeben werden. Nachprüfungen haben ergeben, daß bei dieser verkürzten Testfassung gleich gute Zuverlässigkeits- und in Anbetracht der Testlänge sogar noch bessere Gültigkeitswerte erzielt werden können. Wenn auch die Testanwendung ökonomischer und anwenderfreundlicher wird, so ist doch die Testkonstruktion sehr viel schwieriger als bei konventionellen Tests. Der adaptive Test läßt sich am besten mit einer computergestützten Testung realisieren. Es gibt aber auch Versuche, adaptives Testen im Rahmen herkömmlicher Intelligenztests zu erreichen. Im

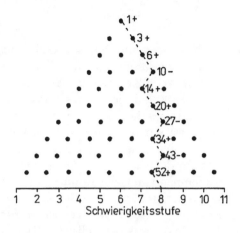

Abbildung 8: Pyramidaltestaufbau beim adaptiven Testen
(+ Aufgabe gelöst; – Aufgabe nicht gelöst)

deutschsprachigen Raum ist vor allem das *Adaptive Intelligenzdiagnostikum* (AID) der österreichischen Psychologen Kubinger und Wurst (1991) zu nennen. Das Verfahren basiert auf dem bereits erwähnten HAWIK. Dabei wird eine zweite, gröbere Variante des adaptiven Tests benutzt, die nicht vom einzelnen Item, sondern von Aufgabengruppen ausgeht. Bei dieser Vorgehensweise wird den Kindern der »Zielpopulation« (hier von 6–15 Jahren) zunächst eine Aufgabengruppe (1) vorgelegt. Sie besteht aus 5 Aufgaben mit unterschiedlicher Schwierigkeit. Die Aufgabennummer signalisiert die Schwierigkeit, die höheren Aufgabennummern kennzeichnen also schwierigere Aufgaben. Wird von diesen 5 Aufgaben überhaupt keine oder nur eine Aufgabe gelöst, erhält der Testand die Aufgabengruppe 2 mit fast nur sehr einfachen Aufgaben. Löst der Testand in der ersten Aufgabengruppe 2/3 oder 4/5 Aufgaben, bekommt er in der Folge eine mittelschwere oder eine sehr schwierige Aufgabengruppe. Auch dann sind weitere Verzweigungen möglich.

Kreativitätstests

Psychologen, Pädagogen und Philosophen beschäftigen sich schon seit vielen Jahren mit dem Phänomen des schöpferischen Denkens. Sie untersuchen den schöpferischen Lösungsprozeß und die psychischen Eigenschaften besonders schöpferischer Menschen. Während in der Vergangenheit diese Analysen nur einen kleinen Kreis von Eingeweihten interessierten, gewinnt in der Gegenwart das Problem der Diagnostik und Förderung der Kreativität zunehmend an Gewicht und wird Diskussionsgegenstand einer größeren Öffentlichkeit. Der näher interessierte Leser findet kritische Übersichten zur Kreativität und ihrer Diagnostik bei Heller (1994), Krampen (1993), Urban (1993) und Weinert (1991).

Ende der fünfziger Jahre forderte unter dem Eindruck des »Sputnik-Schocks« der Präsident der amerikanischen Psychologenvereinigung Guilford die Psychologen auf, bei der Erkennung und Förderung schöpferischer Menschen mitzuhelfen, um die zum Teil verlorengegangene Spitzenposition in Wissenschaft und Technik zurückzuerobern. Dabei wurde die Frage sehr kritisch diskutiert, ob die in den USA in großem Ausmaß bei der Auswahl für Hochschulen und Berufspositionen benutzten Tests auch zur Auswahl wirklich schöpferischer und nicht nur an die traditionelle Schul- und Berufswelt gut angepaßter Menschen taugen. Bemängelt wurde, daß der herkömmliche Intelligenztest lediglich prüft, wie jemand eine einzige richtige Lösung in einer meist für ihn neuen Problemsituation (z.B. bei der Lösung der oben beschriebenen Raven-Test-Aufgaben) durch streng logisches Nachdenken – durch konvergentes Denken – findet. Schöpferische Leistungen des Alltags sind aber oft gerade dadurch gekennzeichnet, daß erst einmal ein Problem oder eine Fragestellung erkannt werden muß. Der deutsche Physiker und Nobelpreisträger Max von der

Laue hat einmal geäußert, daß gerade das Aufwerfen neuer Fragen den genialen Wissenschaftler vom »Durchschnittswissenschaftler« unterscheidet. Die Problemsituationen des Alltags sind häufig so beschaffen, daß es hierfür nicht nur eine einzige richtige Lösung gibt, sondern mehrere Lösungsvarianten produziert werden müssen, unter denen man dann später die optimale Variante unter den weniger guten (deswegen aber keinesfalls immer falschen) aussuchen muß. Das Produzieren von möglichst vielen Einfällen erfordert nicht nur formalen Intellekt und Wissen, sondern auch Phantasie und Risikobereitschaft, eine gewisse Unbekümmertheit im Umgang mit der Konvention und das »Sichlösenkönnen« von alten Denkschablonen und »bewährten Theorien«. Bei Sternberg (1988) wird betont, daß sich Kreative gegenüber »nur Intelligenten« durch eine größere »Freiheit des Geists« und durch die »Unwilligkeit« auszeichnen, an die ungeschriebenen Regeln der Gesellschaft gebunden zu sein. Das divergente Denken richtet sich nicht geradlinig nur auf das Finden einer richtigen Lösung, sondern sucht in verschiedenen Richtungen nach Einfällen und Lösungsvarianten. Die herkömmlichen Intelligenztests enthalten kaum solche »Produktivitätsaufgaben«. Daher wurden als Alternative zum Intelligenztest Kreativitätstests entwickelt. Bei solchen Aufgaben wird beispielsweise gefordert, möglichst viele Verwendungszwecke für einen bestimmten Gegenstand (z.B. Büroklammer, Zeitung oder Ziegelstein) anzugeben. In mehr verbalen Produktivitätstests wird etwa die Aufgabe gestellt, innerhalb kurzer Zeit möglichst viele Worte zu bilden, die mit der Vorsilbe Re- anfangen, oder es sollen für bestimmte Worte (z.B. Paß, Abfall) unterschiedliche Bedeutungen gefunden werden. Bei figuralen Produktivitätstests werden bestimmte Elementarzeichen vorgegeben, und die Testanden sollen innerhalb einer bestimmten Zeit aus diesen Elementen möglichst viele Zeichnungen anfertigen. Bei »kreativen Handlungstests« wird beispielsweise Kindern Material gegeben, aus denen sie unterschiedliche Spielzeuge zusammenbauen sollen. Zur Prüfung der Frageaktivitäten wird etwa ein Test mit numerischen Daten vorgelegt, aus denen die Testanden möglichst viele Fragen (Aufgabenstellungen) ableiten sollen. Gewertet wird also nicht die richtige Antwort auf Fragen, sondern das Stellen sinnvoller Fragen. Ganz ähnlich wie in der satirischen Zeitschrift »Eulenspiegel«, in der die Leser in jeder Ausgabe aufgefordert werden, zu einer gezeichneten Situation sich einen Witz auszudenken, wird in manchen Produktivitätsproben verlangt, für Kurzgeschichten und Zeichnungen viele treffende, originelle und möglichst auch noch witzige Überschriften zu finden.

Solche Tests wirken zunächst sehr verspielt und unernst. Dies muß nicht unbedingt ein Nachteil sein. Niels Bohr – der bekannte Atomphysiker und Nobelpreisträger – berichtet, daß Außenstehende oft sehr verwundert waren über die spielerische und zum Teil unernste Atmosphäre in seinem für seine Produktivität ja außerordentlich berühmten Labor. Humor und eine ausgeprägte »Spielneigung« gelten auch als eine typische Eigenschaft vieler kreativer Menschen. Allerdings erweist sich nun die »objektive« psychometrisch abgesicherte Auswertung dieser spielerischen Kreativitätstests oder besser Kreativitätsproben als außerordentlich schwierig. Meist werden bei der Auswertung drei Aspekte beachtet: *Flüssigkeit* – Gesamtzahl der produzierten Lösungen, *Flexibilität* – Anzahl der benutzten unterschiedlichen Lösungsklassen (z.B.: Bei der Aufgabe, in einer kurzen Zeitspanne möglichst viele runde Dinge zu nennen, nennt ein Testand zunächst Apfel, Apfelsine und sucht dann weiterhin nach »rundem Obst«, während ein anderer neue Lösungsklassen, z.B. Gegenstände des täglichen Bedarfs oder Spielzeuge, in die Lösungsproduktion aufnimmt) und *Originalität*: Diese wird meist durch die statistische Seltenheit der Antwort definiert, was nicht unumstritten ist, da auch eine sehr abwegige Antwort gewiß statistisch selten, deswegen aber noch nicht im positiven Sinne originell ist. Viele wissen aus der Diskussion um neue Kunstwerke, daß eine Trennung zwischen schöpferischer positiver Originalität und aus reiner Originalitätssucht oder gar aus Geschäftsinteresse geborenen »Pseudo-Kunstwerken« oft gar nicht so leicht ist.

In der Psychodiagnostik wurde diese Problematik das erste Mal aktuell, als man im Rorschach-Test, in dem Klecksfiguren gedeutet werden müssen, vom testauswertenden Psychologen verlangte, daß er zwischen 0 (+) Antworten (also gute Originallösungen) und 0 (−) Antworten (abwegige Deutungen) unterscheiden sollte. Die unbefriedigende Situation bei der exakten Auswertung und Interpretation der Produktivitäts- oder Kreativitätstests mag eine Ursache dafür sein, daß die bisherigen empirischen Untersuchungen noch keinesfalls eindeutige Beweise dafür brachten, daß Menschen, die in Kreativitätstests besonders gut abschneiden, auch später – zum Beispiel in ihrem Beruf – besonders kreativ sind. Wichtiger ist aber wohl die Tatsache, daß es *die* Kreativität nicht gibt, sondern daß man auf ganz verschiedenen Gebieten schöpferisch sein kann. Die schöpferischen Leistungen eines Schriftstellers, Technikers, Malers, Architekten oder Musikers unterscheiden sich im Hinblick auf die jeweils besonders geforderten psychischen Voraussetzungen erheblich. Dies gilt trotz gewisser Gemeinsamkeiten kreativer Menschen und der oft beobachteten Tatsache, daß kreative Menschen häufig gleichzeitig auf vielen Gebieten schöpferisch sind (wie Goethe beim Dichten und Zeichnen). So wird für einen Schriftsteller die verbale Kreativität sehr viel wichtiger sein als etwa die schöpferische Leistung beim Umgang mit Zahlenmaterial oder Bauelementen.

Die bisher benutzten Tests und empirischen Untersuchungen zur Vorhersage kreativer Leistungen haben diese enge Tätigkeitsbezogenheit und damit auch begrenzte Aussagekraft der diagnostischen Proben nicht genügend beachtet. Hinzu kommt, daß schöpferische Leistungen im Alltag – zu denen übrigens nicht nur Höchstleistungen in Kunst, Technik und Wissenschaft zählen, sondern auch die Kreativität des »Durchschnittsmenschen« bei der Verbesserung seiner Arbeits- und Lebensbedingungen (durch Gestaltung seiner Wohnung, seines Gartens, seines Arbeitsumfeldes) – nicht lediglich eine Frage der Ausprägung eines Intelligenzfaktors (»Einfallsreichtum«) ist, sondern »Resultat« der Gesamtpersönlichkeit. Besonders wichtig sind Phantasie, Interessen, das Erkenntnisstreben (vgl. Lehwald 1985) und die Beharrlichkeit, um neue Ideen auch gegen den Widerstand der »Konservativen« durchzusetzen.

Von einigen Psychologen wurde die These vertreten, daß gute »konvergente Denker« und »Vielwisser« oft nicht so gute divergente Denker sind und umgekehrt. Die russische Psychologin Bogojawlenskaja (1976) hat mit einer von ihr entwickelten Methode Unterschiede zwischen »nur hochintelligenten, aber nicht schöpferischen« und »schöpferischen« Wissenschaftlern feststellen können. Franz Werfel gibt in dem Buch »Abituriententag« eine treffende Schilderung des nur formal intelligenten Musterschülers Fischer (Primus), der immer die richtigen Antworten wußte, die der Lehrer in seinem Kopf bei der Fragestellung bereits »vorformuliert« hatte, und des schöpferischen, allerdings auch sehr problematischen und später ja auch im Leben scheiternden Schülers Adler. Adlers »Antworten fanden das Richtige auf unvorschriftsmäßigen, dafür aber eigenen Wegen«. Das brachte ihn in Schwierigkeiten, denn: »Wie in allen Berufen, so gibt es auch in der Schule eine Musik des Konventionellen. Als Muster gilt derjenige, der sich ein feines Gehör für ihre Harmonie erworben hat und sie ehrfürchtig gebraucht.«

Eine genauere Analyse des Problemlösungsprozesses zeigte aber, daß es in bestimmten Phasen des Prozesses nicht so sehr der Phantasie und Intuition bedarf, sondern der streng logischen Überprüfung des Gedachten und der Verbindung mit bisherigem Wissen. Darüber hinaus spielt das Vorwissen auch bei der Produktion von Einfällen eine herausragende Rolle. Deswegen korrelieren offenbar Schulleistungstests oft höher als Intelligenztests mit Kreativitätstests. Dabei kommt es natürlich auf die Struktur des Wissens (d.h. auch auf dessen Anwendbarkeit) an, wie denkpsychologische Untersuchungen an Neulingen und Experten in einem Wissensgebiet ergeben haben. Hierbei stellte man fest, daß die Struktur und Verfügbarkeit (Flexibilität) des bereichsspezifischen Wissens eine entscheidende Grundlage für erfolgreiche schöpferische Problemlösungen in den entsprechenden Sachgebieten ist, und nicht etwa nur eine oft mystifizierend überschätzte »Intuition« (Weinert 1991). Kreativitätsforscher besinnen sich daher heute wieder auf eine Einsicht, die auch schon die ältere Denkpsychologie (Wertheimer, Duncker, Wygotski) mit anderen Worten formuliert hat, nämlich, daß schöpferische Denkleistungen die Einheit von konvergentem und divergentem Denken, Fähigkeit und Wissen voraussetzen. Für die Intelligenzdiagnostik und die Intelligenztests bedeutet diese Erkenntnis, daß kreative Fähigkeiten als ein wesentlicher Teil der Intelligenz, wenn man diese als Problemlösungsfähigkeit verstehen will, in Intelligenztestbatterien einen stärkeren Niederschlag finden müßten als bisher. Dazu dienen auch komplexe »intransparente« Problemstellungen (s. hierzu weiter unten), die manche Kreativitätsforscher wegen ihrer größeren Alltagsnähe und ihrer vielfältigen Anforderungen (z.B. an das synthetische Denken) für geeigneter halten als die üblichen Intelligenztests. So hat zum Beispiel Rüppel (1991) einen Test zur »Diagnose außergewöhnlichen naturwissenschaftlichen/technischen Einfallsreichtum« (DANTE) vorgeschlagen, der solche komplexen Probleme enthält. Statt des IQ soll ein QI (Qualität der Informationsverarbeitung) bestimmt werden (s. auch Facaoaru 1985).

Die Prüfung konvergenter Denkleistungen im traditionellen Intelligenztest erweist sich aber ebenfalls als grundlegend für eine Diagnostik schöpferischer Potenzen. Empirische Untersuchungen ergaben, daß konvergente Testleistungen genauso gut (oder mäßig) wie divergente Testleistungen mit späteren Kreativitätskriterien korrelierten. Die praktische Relevanz dieser Überlegungen und Befunde konnte schon 1967 Mehl bei seinen Untersuchungen zur Diagnostik spezieller produktiver Befähigungen auf mathematisch-naturwissenschaftlichen Gebieten demonstrieren, als er feststellte, daß erst die Synthese konvergenter Intelligenztestleistungen und divergenter Denkleistungen eine treffsichere Identifizierung der mathematisch-naturwissenschaftlich Hochbegabten erlaubte.

Kreativitätstests im Rahmen umfassender Intelligenztestbatterien haben ihren Hauptzweck darin, daß sie den Psychologen und über ihn vermittelt den Pädagogen auf jene Schüler aufmerksam machen können, die zwar besonders schöpferisch befähigt sind (z.B. viele Einfälle haben), aber vielleicht nur über durchschnittlich konvergente Denkfähigkeiten verfügen oder nicht allzu überragende Schulleistungen aufweisen. Es kann sich hierbei auch um Schüler handeln, deren Potenzen sich wegen ihrer einseitigen Interessenausrichtung und manchmal auch »Verspieltheit« nicht in den Zensurendurchschnitten widerspiegeln (Bien 1982, ref. in Krampen 1993). Ihre Originalität im Denken führt manchmal auch zu Schwierigkeiten im sozialen Umgang und in der Anpassung an gegebene Normen. Leicht werden sie also als »anpassungsschwierige«, störende, nur mäßige Schulleistungen zeigende Schüler verkannt, fallen also in einen vorwiegend am Zensurendurchschnitt orientierten Auslesemodus bei der Auswahl »durch das Netz«. Bekannt ist zwar, daß entgegen einem weit verbreiteten Vorurteil später wegen ihrer Kreativität berühmte Leute meist auch gute Schüler waren (z.B. Leibniz, Marx, Newton, Hahn, Linné). Andererseits ist aber ebenso bekannt, daß es auch Berühmte gab, die in der Schule versagten. Gerhard Hauptmann blieb zweimal sitzen, Albert Einstein wurde in der Volksschule von seinem Lehrer als »geistig zurückgeblieben« charakterisiert und fiel mit 17 Jahren durch die Aufnahmeprüfung des Polytechnikums in Zürich (das ihm 18 Jahre später einen Lehrstuhl anbieten sollte). Thomas Edison wurde vom Lehrer als »Hohlkopf« beschimpft, so daß er aus der Schule weglief. Heinrich Böll hatte »genügend« im Fach Deutsch, und Thomas Mann blieb in der Schule sitzen. Oft wird das verbale Pauksystem und der für sensible Gemüter besonders schreckliche preußische Drill der alten Schule als Ursache für diese »Versagerfälle« angegeben. Dies mag stimmen. Es ist aber auch möglich, daß es auch in unserer heutigen, etwas mehr auf Denkschulung denn auf reines Pauken von Wissensstoff angelegten Schule gelegentlich die Gefahr gibt, daß wir schöpferische Potenz unter den Schülern verkennen. Manchmal überwiegt trotz guter Vorgaben in den Lehrplänen noch zu stark die reine Wissensvermittlung (die natürlich außerordentlich wichtig ist) zuungunsten der »Denkschulung« und der Zeit für kreative Lösungsprozesse, bei denen schöpferische Schüler sich besonders hervortun könnten.

Gut ausgearbeitete und bereichsspezifisch entwickelte Kreativitätstests könnten uns in wissenschaftlichen Untersuchungen auch darüber informieren, inwieweit es beispielsweise durch Verbesserung der Lehrpläne, problemhaft gestalteten und Projekt-Unterricht und eine bessere Ausbildung der Pädagogen gelungen ist, die schöpferische Fähigkeit der Schüler zu entwickeln.

Computerspiele und komplexes Problemlösen als Tests?

Obwohl wir weiter oben feststellten, daß Tests stets in gewissem Maße gesellschaftlich bestimmte Anforderungen widerspiegeln, wurde doch von vielen Kritikern des herkömmlichen Intelligenztests seit langem beklagt, daß diese »Anforderungswiderspiegelung« bisher nur in unzureichendem Maße gelungen ist.

In der »westlichen Psychologie« wird dies als die mangelnde »ökologische Validität« der traditionellen Intelligenztests, in der russischen Psychologie unter Bezug auf Wygotski und Leontjew als die »ungenügende Tätigkeitsbezogenheit« (vgl. auch Witzlack 1977) der herkömmlichen Intelligenzdiagnostik kritisiert.

Die russische Psychologin Kalmykowa (1975) meint, daß man Intelligenztests nicht so sehr künstliche Gesetzmäßigkeiten (wie beim Raven-Test), sondern in der Schule vermittelte natürliche Gesetzmäßigkeiten (wie etwa das Hebelgesetz) zugrunde legen sollte. Gegen eine solche Vorgehensweise ließe sich einwenden, daß dann nicht mehr intellektuelle Grundfähigkeiten, sondern vornehmlich das Wissen überprüft wird. Manche Denkpsychologen und Problemlösungsforscher kritisieren am herkömmlichen Intelligenztest, daß er nicht typische Problemstellungen aus dem Alltag enthält, sondern eine große Anzahl von relativ alltagsfernen »Miniproblemchen«. Bei diesem üblichen Testaufbau kann der Denkprozeß schlecht beobachtet werden, es ist lediglich das Denk-Resultat (die Lösung) registrierbar. Da man jedoch auf unterschiedlichste Weise zur Lösung einer Aufgabe gelangen kann und sich darin verschiedene Aspekte der

Intelligenz ausdrücken, ist dieser »Denk-Prozeß« von großer Bedeutung für die psychologische Diagnostik.

Eine bekannte Denksportaufgabe, der »Turm von Hanoi«, wurde als eine solche denkprozeßorientierte, alternative Intelligenzprobe (u. a. zur Diagnostik der mathematisch-naturwissenschaftlichen Begabung) erprobt. Es ist die optimale Schrittfolge (Algorithmus) zu finden, wozu mehrere Durchgänge nötig sind. Durch Beobachtung der einzelnen Versuchsdurchläufe und deren Vergleich mit dem optimalen Algorithmus lassen sich Prozeßeigenschaften des individuellen Denkhandelns erfassen sowie auch die »Intensität eines Lernvorgangs« während der Testung (Klix und Lander 1967). Diese Aufgabe wurde und wird sehr häufig in der Grundlagenforschung angewandt, ist aber bisher noch nicht zu einem eigentlichen Test entwickelt worden. Problemstellungen wie der »Turm von Hanoi« spiegeln jedoch nach Meinung mancher Kritiker auch nicht die komplexe Struktur realer Alltagsprobleme wider, da bei diesen Aufgabenstellungen Ziel und angestrebter Zustand klar bestimmt sind, »nur« der Weg dahin ist unklar. Alltagsprobleme sind aber oft dadurch charakterisiert, daß eine genaue Zielstellung nicht bekannt ist, so daß der Problemlöser zunächst das Ziel exakt definieren sowie die hochgradige Komplexität der Situation erfassen muß. Das heißt, es muß gleichzeitig eine große Anzahl von Bedingungen beachtet werden, die sich auf den Problemzustand auswirken und die sich in Abhängigkeit von der Aktivität des Problemlösers verändern.

Für diesen Zweck entwickelten Dörner und Mitarbeiter (Dörner u. a. 1983, 1986) »Computerspiele« (Computerszenarios). Beispielsweise mußte man die fiktive Stadt »Lohhausen« als Bürgermeister regieren, eine Schneiderwerkstatt leiten oder eine komplizierte Maschinerie steuern (s. auch Funke 1986, Putz-Osterloh 1981). Dem Testanden werden bestimmte Ausgangsinformationen über das jeweilige »System« gegeben. Er soll dann dieses System in einen »besseren Zustand« bringen. Das kann erreicht werden durch Veränderungen bestimmter Variablen des Systems (z.B. der Freizeitmöglichkeiten in der Stadt, der Arbeitsmarktsituation usw.), um die eigentliche Zielgröße, etwa Zufriedenheit der Bürger, zu verändern. Durch das Computerprogramm erhält der Testand ständig Informationen über die Wirkung seiner Entscheidungen. Er kann außerdem selbst Informationen einholen. So kann er vor der Entscheidung den Computer nach dem Zusammenhang bestimmter Variablen befragen. Durch geschickte Fragen und Rückinformationen erhält der Testand somit ein immer vollständigeres Bild über die Struktur und das Funktionieren des jeweiligen Systems. Auf der Grundlage des mittels Problemanalyse erlangten Wissens kann er dann bestimmte Maßnahmebündel planen, deren Wirksamkeit studieren und daraufhin neue Entscheidungen treffen.

Eine solche computersimulierte Problemsituation läßt den Diagnostiker eine Unmenge sehr interessanter, aber kaum noch überschaubarer Informationen gewinnen. Dazu zählen Umsicht, Konsistenz und Flexibilität in der Zielbildung, Strategien der Informationssuche, Verarbeitung von Mißerfolgen und vieles mehr. Man erhofft sich, mit Hilfe solcher Computer- und Planspiele, die – auch in realen Alltagssituationen sich äußernde – »operative Intelligenz« (Dörner) besser als mit herkömmlichen Tests abbilden zu können. Damit tangieren wir auch ein viel diskutiertes Problem, nämlich die Annahme einer »sozialen« und »praktischen« Intelligenz oder auch »Altersweisheit« (s. u.), die in herkömmlichen Intelligenztests kaum erfaßt wird und sich gewiß stärker in der Lösung solcher komplexe Probleme zeigt.

Dieser interessante Ansatz birgt noch viele ungelöste Probleme und Kritikpunkte (s. hierzu Funke 1986, Frensch u. Funke 1995). So ist beispielsweise die Durchführung außerordentlich zeitaufwendig, da die Testanden über viele Stunden (auch Tage) am Computer arbeiten. Die Auswertung ist sehr kompliziert. Oft kann keine Optimallösung angegeben werden (s. jedoch Funke 1992). Weiterführende Untersuchungen zeigen auch, daß Persönlichkeitseigenschaften wie Kontaktbereitschaft, Aufgeschlossenheit oder Frustrationstoleranz den Erfolg in solchen Computerspielen stark beeinflussen. Damit wird einerseits das von den Forschern angenommene Zusammenwirken intellektueller (kognitiver), emotionaler und motivationaler Prozesse bei komplexen Problembearbeitungen bestätigt, andererseits aber auch deutlich, wie schwierig es ist, die eigentlichen Intelligenzparameter aus diesem komplexen Untersuchungsresultat »herauszulösen«. Vorbehalte gegen den neuen Ansatz beziehen sich darauf, daß spezifisches Vorwissen (z.B. in Wirtschaftswissenschaften oder in der linearen Optimierung) die Ergebnisse in solchen Computerspielen mit wirtschaftlichen Fragestellungen in unkontrollierbarer Weise beeinflussen kann oder daß die Versuchspersonen zwischen den einzelnen Sitzungen untereinander Informationen austauschen können. Fraglich ist auch, ob die bei einer spezifischen Problemsituation – etwa einer simulierten Mondlandung – gezeigten Besonderheiten des Problemlösungsprozesses eines Individuums bei anderen Problemsituationen (z.B. gesellschaftswissenschaftlicher Art) ebenfalls auffindbar sind (Problem der Generalisierbarkeit der Befunde).

Von Kritikern des »komplexen Problemlösungsansatzes« – vor allem aus dem »Lager der klassischen Intelligenzdiagnostik« (vgl. z.B. Jäger 1991) – wird hervorgehoben, daß es noch nicht gelungen ist, nachzuweisen, daß diese neuen »Instrumente« reliabler und vor allem gültiger sind als die viel »geschmähten« herkömmlichen Intelligenztests. Trotzdem werden verstärkt vor allem im Rahmen sogenannter Assessment Centers der Industrie heute statt üblicher Intelligenztests computergestützte Problemszenarios für die Personalauswahl und Personalentwicklung eingesetzt (vgl. auch Funke 1995 in Frensch u. Funke 1995). Wegen ihrer höheren Augenscheinvalidität und ökologischen Validität werden sie sowohl von den Betriebsleitungen als auch von den Bewerbern als »berufsnäher« eher akzeptiert als die üblichen Intelligenz- und Eignungstests. Auch die Feedbackmöglichkeiten, die diese »Computerspiele« bieten (s. hierzu aber auch das Konzept der Lerntests weiter unten), erhöhen die Akzeptanz der Verfahren. Es ist aber zu erwarten, daß nur Problemstellungen mit hoher beruflicher Relevanz (Beachtung der *job requirements* nach Funke) und nicht irgendwelche »künstlichen Probleme« die Vorhersage des beruflichen Erfolges gestatten. Aber auch anforderungsrelevante »Problem-Tests« werden sich auf die Dauer in der Diagnostik nur dann durchsetzen, wenn es sich um reliable und gültige Verfahren handelt. Der gegenwärtige »Wildwuchs« auf diesem Sektor und die Anwendung solcher ungenügend geprüfter Szenarien durch oft wenig psychologisch qualifizierte Assessment-Leiter läßt den Fachdiagnostiker vermuten, daß hier noch mehr Unfug getrieben werden kann als durch die Anwendung standardisierter Intelligenztests durch psychologische Laien. Es ist daher Funke nur zuzustimmen, wenn er gerade wegen der »Praxisbeliebtheit« dieser Verfahren bei Personalfachleuten von den Psychologen fordert, daß sie gut standardisierte, eindeutig auswertbare und auf Reliabilität und Validität gründlich untersuchte Instrumentarien entwickeln. In bisherigen gut kontrollierten Validitätsstudien, wo die späteren Beurteiler der beruflichen Leistungsfähigkeit die Ergebnisse in den »Problemlösetests« nicht kannten, wurden nur sehr mäßige prognostische Validitäten im Hinblick auf die Vorhersage des Berufserfolges erzielt. Die Korrelationen lagen zwischen .20 und .30; das ist keinesfalls höher als bei üblichen Intelligenztests (vgl. Schuler 1988), aber immer noch höher als die Werte bei den in Assessment Centers so beliebten »Gruppendiskussionen« und anderen »work samples« (vgl. Robertson in Kondola 1982, ref. in Funke 1995). Nach neueren Untersuchungen ist zu erwarten, daß bei höheren beruflichen Anforderungen an die Problemlösefähigkeit auch höhere prognostische Validitätskoeffitienten resultieren. Gelegentlich wird ein schlechteres Abschneiden von Frauen in den »Computertests« berichtet, das aber meist wohl auf deren oft geringere »Computererfahrung« zurückführbar ist, ein Faktor, der generell wohl auch bei der Wertung dieses neuen vielversprechenden, aber unbedingt noch weiter zu überprüfenden diagnostischen Ansatzes beachtet werden muß. Funke faßt den Erkenntnisstand wie folgt zusammen: »The early enthusiastic stage of expectations about the potential applications for CPS scenarios is over. If we take a close look at the plain empirical results that have been reported over 15 years of research, then it is obvious that personel selection and training with CPS-scenarios are still in their infancy.«

Theoretisch besser fundierte Intelligenztests – oder: Warum ist die einfachste Lösung auch die intelligenteste?

Die zeitgenössische Grundlagenforschung in der Denkpsychologie hat den Diagnostikern zunächst ein besseres und vertieftes Verständnis des Phänomens Intelligenz (obwohl dies auch weiterhin nicht als endgültig aufgeklärt zu betrachten ist) vermittelt. Heute verstehen die meisten Forscher Intelligenz vor allem als Problemlösefähigkeit. Demzufolge wird die »uralte Forderung« der Denkpsychologen, nicht nur das *Denk-* oder Testresultat zu beachten, sondern die das Resultat bedingenden psychischen Prozesse näher zu analysieren, erneut mit Nachdruck erhoben. Bei einer solchen Prozeßanalyse stellt man beispielsweise fest (Sternberg 1985), daß erfolgreichere Problemlöser sich mehr Zeit in der Phase der Vorverarbeitung nehmen, also die Ausgangsinformationen gründlich analysieren, das Problem erst einmal strukturieren, bevor sie mit dem eigentlichen Lösungshandeln beginnen, das dann allerdings oft schneller und auf jeden Fall effektiver ist. Nach unseren eigenen Untersuchungen (Beckmann, Guthke u. Vahle 1996) passen Intelligentere in Tests ihre Latenzzeit (Zeit von der Darbietung der Items bis zur Reaktion des Getesteten) besser als weniger Intelligente der Schwierigkeit der Aufgabe an. Erfolgreiche Problemlöser zeichnen sich auch dadurch aus, daß sie eine Problemsituation »vereinfachen« können. Klix (1983) spricht nach Analyse wesentlicher Denkleistungen in der Kulturgeschichte der Menschheit (z.B. Ablösung des römischen Ziffernsystems durch das arabische, mit dem man z.B. einfacher multiplizieren kann) davon, daß nicht nur in der Kulturgeschichte der Weg von umständlichen Verfahren (und Systemen, wie etwa auch der Schrift) zu einfacheren und daher effektiveren Verfahren zu beobachten ist, sondern daß auch bei den individuellen Problemlösungen die jeweils einfachste, also die mit dem geringsten kognitiven Aufwand realisierte Lösung auch die intelligenteste ist. Erfolgreiche Problemlöser vereinfachen oft in der Phase der Problemrepräsentation, das heißt, vor dem eigentlichen Problemlösen wird die Problemstellung als solche umgeformt und die Problemlage strukturiert, indem das Wesentliche herausgeschält und nicht unbedingt notwendige Operationen als vernachlässigbar erkannt werden. Die Lösungen (wie viele geniale Lösungen in der Menschheitsgeschichte) wirken dann später oft verblüffend einfach, so daß man erstaunt feststellt: Warum ist denn niemand vorher auf diese doch so einfache Idee gekommen?

Die kognitionspsychologische Intelligenzforschung (vgl. Sternberg 1985; Waldmann u. Weinert 1990 geben einen guten Überblick) hat sich in letzter Zeit auch stärker der Frage zugewandt, welche psychischen Prozesse (auch Elementaroperationen genannt) bei der Lösung bekannter und häufig benutzter Intelligenztesttypen von Bedeutung sind (Komponenten-Theorie der Intelligenz). Insbesondere wurden Analogie-Aufgaben untersucht (vgl. Klix und van der Meer 1978, Sternberg 1985). Eine Analogie-Aufgabe hat folgende Grundstruktur:

A : B = C : ?. D ist also zu suchen. Meist gibt man hierfür ein Antwortangebot vor.
Beispiel: A   :   B   = C   :   D
           Wald : Bäume   = Wiese :   ?
a. Gräser b. Heu c. Futter d. grün e. Weide
Bei der Lösung dieser Analogie muß der Testand in der Regel folgende Elementaroperationen vollziehen:
1.   Merkmalsidentifikation: Wörter werden gelesen, verstanden und im Arbeitsgedächtnis gespeichert.
2.   Merkmalsvergleich
2.1 Inferenz: Es wird die Gesetzmäßigkeit (der Zusammenhang) zwischen A und B erkannt und gespeichert.
2.2 Mapping: Es wird die Beziehung zwischen A und C erkannt.
2.3 Anwendung: Die Beziehung A : B wird auf C : D übertragen.
2.4 Ausschluß: Es werden die nicht so gut passenden Antwortangebote ausgeschlossen und die am besten passende Antwort ausgewählt.
3.   Kontrolle: Durch Einsetzen der gewählten Antwort wird die Richtigkeit des Analogieschlusses geprüft.

Für die Elementaroperationen wurden von den Forschern auch bestimmte Elementarzeiten ermittelt, deren Summation dann die gesamte Lösungszeit ergibt.

Mit Hilfe einer noch tiefergehenden Analyse des Lösungsprozesses (vgl. Klix 1984), nämlich der Feststellung der Art der jeweils zu beachtenden Relationen (z.B.

Oberbegriffs-, Instrumental-, Lokalrelationen) und der hierfür notwendigen Elementaroperationen mit ihrem spezifischen Zeitaufwand lassen sich die Schwierigkeiten solcher Analogie-Aufgaben noch besser bestimmen.

Eine Prozeßanalyse erlaubt dann auch eine genauere Fehleranalyse. Zum Beispiel kann der Testautor nunmehr die Auswahlantworten so konstruieren, daß aus der jeweiligen Antwort auf den vermutlichen Denkfehler geschlossen werden kann. Fehleranalysen sind eine Grundlage für spezifische Hinweise zur Förderung des Testanden. Ueckert (1980) hat an Beispielen gezeigt, daß auch bei den traditionellen Intelligenztests eine Fehleranalyse sinnvoll wäre. Es würde sich dann in vielen Fällen zeigen, daß die vom Testautor als richtig angegebenen Antworten durchaus nicht immer die einzig richtige Lösungsmöglichkeit darstellen (s. Abb. 9). Testanden könnten also bei Fehleranalysen durch Begründungen für ihre angebliche Falschantwort dem Testleiter beweisen, daß ihre Überlegungen und ihre Antworten doch nicht falsch waren oder zumindest als »teils richtig« zu akzeptieren und in der Bewertung zu beachten sind. Insbesondere bei der mechanischen Auswertung von schriftlichen Gruppentests verschenkt man sich diese diagnostischen Möglichkeiten.

Die Grenzen des bisherigen Intelligenztests karikierte Probst (1981): »Wenn ich meinen Wagen zu einer technischen Durchsicht in eine Werkstatt gebe und man sagt mir lediglich: ›Ihr Wagen ist so kaputt, daß nur 16% der vorgeführten Wagen noch kaputter sind, was einem Verkehrssicherheitsquotienten VQ (analog zum Intelligenzquotienten IQ = 85, s. S. 34ff.) von 85 entspricht‹, dann ist zwar für mich diese Information nicht unwichtig, aber keinesfalls ausreichend. Denn wenn ich nicht meinen Wagen zur Verschrottung freigeben möchte, dann muß ich erfahren, welche Fehler gefunden wurden und ob und gegebenenfalls wie diese zu beheben sind.« Eine sol-

1) »Unpassendes Streichen« aus BTS von Horn
   Aufgabe: Stuhl, Tisch, Ameise, Schrank, Schemel
   Richtigantwort: Ameise (Aufgabenkonzept »Lebewesen«)
   ebenfalls mögliche, aber vom Testautor nicht vorgesehene »Aufgabenkonzepte«: Größe, Vokal zu Wortbeginn

2) »Klassifikation« aus dem Cattell-Test (CPT 3)

   Richtigantwort: a, c, e (»Dreieck«) vs. b, d (»Quadrat«),
   eine andere, vom Testautor als falsch bezeichnete, aber vielleicht sogar »intelligentere« Lösung wäre: a, d (»stabiles Gleichgewicht«) vs. b, c, e (»labiles Gleichgewicht«)

Abbildung 9: Beispiele für mehrdeutige Testitems
(aus Ueckert 1980)

che qualitative, strukturbezogene Diagnostik (s. auch Jantzen 1982, Kornmann 1986) verlangt, daß man unter anderem auch entwicklungspsychologische Erkenntnisse über die Entwicklung der getesteten Eigenschaft – z.B. der Fähigkeit zur Oberbegriffsbildung – bei der Testkonstruktion und Testauswertung beachtet.

Berg und Schaarschmidt (1984, 1994) haben einen neuen Intelligenztest (BILKOG – Testsystem zur Diagnostik bildlich angeregter kognitiver Leistung) für das Vorschul- und frühe Schulalter publiziert, der auf den von Klix (1984) nach allgemeinpsychologischen Analysen herausgestellten Grundkomponenten »intelligenzintensiver Prozesse« aufbaut.

Diese Grundkomponenten sind:

1. Das Hervorheben von *wesentlichen Merkmalen* oder das Unterdrücken unwesentlicher Merkmale aus perzeptiven (also wahrnehmungsmäßig gegebenen) Abbildern der Umgebung (Strukturbildung der Wahrnehmung in Abhängigkeit von der Aufgabenstellung).

2. Das Erkennen von *Relationen* (Beziehungen) zwischen Strukturen durch Vergleichsprozesse (Relationserfassung).
3. Das *Abbilden* (Übertragen) von Relationen in einer Struktur auf eine andere (z.B. Analogiebildung).

Neu an diesem Verfahren ist nicht so sehr die Aufgabengestaltung (so findet man z.B. das im Test geforderte Ordnen von Bildergeschichten schon im Wechsler-Test), sondern die Begründung der Aufgabenstellung durch allgemeinpsychologische Theoriebildung und der Versuch, bei der Testabarbeitung Hinweise auf die Spezifik von individuellen Lösungsprozessen zu bekommen. Hierbei steht wieder im Vordergrund der Untersuchung das »Vereinfachungsprinzip« und die Analyse der aufgabenkonstituierenden Bedingungen. Gefragt wird beispielsweise, inwieweit es Kindern unterschiedlichen Alters und unterschiedlicher Intelligenz gelingt, durch Vereinfachungsleistungen die Schrittfolge bis zur Entscheidungsfindung zu verkürzen (also den kognitiven Aufwand zu verringern). Die entwicklungspsychologische Auswertung orientiert sich hierbei sowohl am quantitativen Fortschreiten (immer mehr richtige Resultate) als auch am qualitativ-strukturellen Wandel – hier erkennbar am Fortschritt beim »aktiven Vereinfachen der Information«.

Ein Beispiel soll zum Schluß des Abschnitts diese Vereinfachungsleistung erläutern. Schauen wir uns hierzu Abbildung 10 an.

Man kann Aufgaben diesen Typs auf zweierlei Art und Weise lösen. Bei der Bewegungslösung oder Ortslösung (OL) orientiert man sich allein am Bewegungsmuster. Man interessiert sich also lediglich dafür, in welcher Weise die Figuren tauschen, ohne weiter zu beachten, welche Figuren im einzelnen konstant bleiben und welche tauschen. Bei der topologischen Lösung (TL) bleibt dagegen

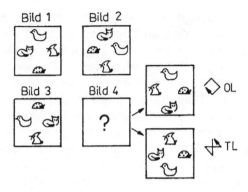

Abbildung 10: Beispielaufgabe aus dem BILKOG. Beispiel für eine Analogie-Aufgabe mit den entsprechenden Lösungsmöglichkeiten und der Transformationsregel in Form eines Bewegungsmusters (Erläuterung unten im Text).

die Bindung an die Figur erhalten, hier interessiert, wer mit wem tauscht, welche Figur wessen Platz übernimmt (z.B. Katze geht auf »Entenplatz« usw.). Es wird dem Leser gewiß einsichtig sein, daß vor allem bei komplizierteren Aufgaben die Bewegungslösung die jeweils einfachere, schneller zum Ziel führende und damit intelligentere ist. Dann gibt es beispielsweise folgende »Verkürzungen«: Alle Figuren wandern einen Platz nach rechts (wie im Beispiel), oder sie werden kreuzweise vertauscht. Untersuchungen an Vier- bis Sechsjährigen ergaben nun, daß die Kinder von der zunächst bevorzugten topologischen Lösung im Entwicklungsgang zu vereinfachenden Strategien (»Bewegungslösung«) übergehen, besonders wenn das Bewegungsmuster vieler Figuren zu erfassen ist.

In dem geschilderten Untertest des BILKOG wird ein Versuch unternommen, Erkenntnisse der Grundlagenforschung stärker für die Konstruktion von Intelligenztests zu nutzen (im Hinblick auf die bekannte entwicklungspsychologische Intelligenztheorie von Piaget hat einen solchen Versuch Winkelmann (1975) mit seiner »Testbatterie zur Erfassung kognitiver Operationen«, TEKO vorgelegt). Ansonsten ist man aber auch im BILKOG noch sehr weit von einer im engeren Sinne prozeßorientierten Diagnostik entfernt. Andererseits läßt sich z.B. das Sternbergsche Vorgehen in der Mikrokomponentenanalyse (etwa bei Analogietestaufgaben, s. o.) wegen des hohen Zeitaufwandes und der notwendigen Untersuchungsapparatur nicht in der Praxis umsetzen. Um zu zuverlässigen »Parameterschätzungen« bei den »Mikrokomponenten« zu kommen, haben z.B. Sternberg und Gardner (1983, ref. nach Waldmann u. Weinert 1990) den Probanden 2800 Aufgaben (Analogien usw.) gestellt, was zu einer Testdauer von 25 Stunden pro Person führte. Bedenkt man nun noch, daß die identifizierten Komponenten wahrscheinlich sehr stark auf die spezifische Aufgabensituation bezogen sind und daß sie bisher lediglich an den ja eigentlich kritisierten Intelligenztests »validiert« wurden, erscheint es sehr fraglich, ob wir in absehbarer Zeit in der diagnostischen Praxis einen Ersatz der resultatorientierten Tests durch im engeren Sinne prozeßorientierte, mikroanalytisch vorgehende Testverfahren erleben werden. Für die Grundlagenforschung sind aber solche Untersuchungen wichtig und möglicherweise werden in Zukunft bald die üblichen Intelligenztestanforderungen (die die »Komponentenanalytiker«, z.B. Sternberg, bisher benutzten) ersetzt werden durch gänzlich neue Denkanforderungen, die von vornherein nach grundlagenpsychologischen Erkenntnissen konstruiert wurden. So hat Kosslyn (ref. in Waldmann und Weinert 1990) eine Theorie zum räumlich-bildhaften Denken und Vorstellen entworfen. Dazu wurden dann relativ einfache Aufgaben konstruiert, die einzelne Module dieser Theorie (des Prozeßmodells) abprüfen. Die Aufgaben lassen im Unterschied zu den komplexeren psychometrischen »Raumvorstellungstests« keine alternativen Lösungsstrategien zu. Damit wird bei Fehlleistungen eher erkennbar, welche »Defekte« in »Elementarmodulen« möglicherweise für das Versagen in komplexeren Leistungen (z.b. in den üblichen Raumvorstellungstests) hauptverantwortlich sind.

Ein ähnliches Vorgehen wird schon seit ca. 10 Jahren von Vertretern der sogenannten Wissensdiagnostik auf kognitionspsychologischer Basis (vgl. Spada u. Reimann 1988) gefordert. Den Grundstein hierfür legten bereits 1978 die Amerikaner Brown und Burton mit der Analyse von Fehlern im Bereich einfacher Artihmetik-Aufgaben. »Ihr erklärtes Ziel war es, Diagnostik so zu betreiben, daß als Ergebnis für jeden Schüler ein Modell seines korrekten und fehlerhaften Aufgabenlösungsverhaltens vorliegt« (Spada u. Reimann, S. 185). Ein Computerprogramm, das solche Aufgaben und deren jeweilige Lösung durch den Schüler enthält, liefert als Aufgabe das mit den Daten verträgliche diagnostische Modell oder mehrere Modelle, wenn die Antworten des Schülers ein eindeutiges Diagnoseergebnis nicht zulassen. Voraussetzung ist natürlich jeweils eine möglichst umfassende Fehlertypologie; auch eigene Untersuchungen in unserer Forschungsgruppe – z.B. zum Bruchrechnen – zeigten uns aber, daß viele Fehler nicht leicht erklärbar und zuordenbar sind, so daß sich hier eine »Achillesferse« der Wissensdiagnostik zeigt. Auch die gegenwärtigen Versuche, die Fehlerbibliothek nicht mehr an Hand von Daten, sondern theoriegeleitet und automatisiert aufzustellen, haben das Problem noch nicht befriedigend gelöst. Gegenwärtig ist die »wissenspsychologische Diagnostik« noch am ehesten anwendbar auf sehr elementare bereichsspezifische Fertigkeiten, wenn auch die Übertragung des Ansatzes auf bereichsübergreifende und allgemeine Aspekte der menschlichen Informationsverarbeitung – also auf die Intelligenz im engeren Sinne –

bereits erprobt wird. Man untersucht das Erzeugen und Testen von Hypothesen, das deduktive Schließen usw. Allerdings gilt auch heute noch die Feststellung von Spada und Reimann aus dem Jahre 1988, daß die Ersetzung oder Ergänzung der herkömmlichen Leistungs- und Intelligenzdiagnostik in der Praxis durch diese neuen wissenspsychologisch fundierten Verfahren noch den Status einer »positiven Utopie« hat.

Reizverarbeitung, Informationsverarbeitungsgeschwindigkeit und Kurzzeit-Gedächtnis als »basale Intelligenzkomponenten« und deren Testung

Galton und Mc Keen Cattell hatten bereits Ende des vorigen Jahrhunderts den zunächst gescheiterten Versuch unternommen, Intelligenz mit sehr einfachen Aufgaben (mental tests) zu messen, die vorwiegend Reizerkennung, Reizdiskriminierung und Reaktionszeit prüfen (s. o.). Binet hatte dagegen komplexere Aufgaben eingesetzt, die zu einer besseren Vorhersage von schulischen Leistungen führten. Heute wird von den mehr biologisch orientierten Intelligenzforschern (z.B. Roth, Lehrl, Jensen, Vernon, Eysenck usw. ref. in dem sehr instruktiven Übersichtsreferat von Neubauer 1993 und bei Schweizer 1995) stärker bei Galton angeknüpft und der von Binet vorgezeichnete Weg teilweise sogar als Irrweg charakterisiert. Sie argumentieren: Die heutigen Intelligenztests würden mehr erworbenes Wissen als »angeborene Intelligenz« – sogenannte Intelligenz A – (nach Hebb 1949, der dann noch als Produkt der Wissensaneignung auf der Grundlage der A-Intelligenz eine B-Intelligenz unterschied) messen. Es käme aber vor allem darauf an, mit Hilfe physiologischer Methoden und sogenannter *elementary cognitive tasks* (ECTs, vergleichbar den mental

Tests) die vorwiegend biologisch (d.h. auch genetisch) determinierten Grundprozesse zu messen, die dann ihrerseits dafür verantwortlich sind, wie schnell und effektiv jemand im Leben Informationen verarbeiten und damit Wissen erwerben kann.

Wohl auch in gewisser Analogie zur »künstlichen Intelligenz« der Computer, bei denen bekanntlich die Informationsverarbeitungsgeschwindigkeit eine entscheidende Rolle für deren Effektivität spielt, gewinnen gegenwärtig auch in der Psychologie Bemühungen an Gewicht, die Informationsverarbeitungsgeschwindigkeit (IVG) des Menschen als basale Intelligenzkomponente zu messen. Dabei wird unter IVG nicht die Lösungszeit bei komplexem Problemen verstanden, sondern die Verarbeitungszeit für ganz einfache Reize als Ausdruck der Schnelligkeit von Nervenprozessen. Solche einfachen Reize (z.B. akustische oder optische Signale) werden bei der Messung evozierter Potentiale im Elektroencephalogramm (EEG) benutzt. Im EEG können durch elektronische Verstärkung sichtbar werdende elektrische Spannungsschwankungen des Gehirns bei Ruhe und Aktivität (z.B. bei Aufnahme von Reizen) abgeleitet werden. Unter einem evozierten Potential (EP) wird die bioelektrische Antwort (Reaktion) des Gehirns auf bestimmte sensorische Reize (z.B. Lichtblitz) verstanden. Die evozierten Potentiale spiegeln die Schnelligkeit der Informationsverarbeitung im Gehirn wider. Gemessen wird hierbei z.B. die Latenzzeit zwischen dem Beginn der Reizdarbietung (z.B. Lichtblitz) und dem dritten positiven Amplitudenmaximum (P300 im EEG). Dieses Amplitudenmaximum tritt nach 250–300 ms bei jedem bedeutsamen Reiz auf und zeigt »kognitive Prozesse« an (vgl. Birbaumer 1975). Untersuchungen mit Menschen, die sich im Intelligenzquotienten deutlich unterschieden, haben ergeben, daß die Latenzzeit bei weniger Intelligenten im Vergleich zu Hochintelligenten deutlich verlängert ist. Inzwischen werden nicht nur kürzere Latenzen, sondern auch komplexere Wellenformen der Höherintelligenten im EEG registriert (Juhel 1991, ref. in Neubauer 1993).

EEG-Untersuchungen sind in der Durchführung und Auswertung sehr zeitaufwendig und an apparative Voraussetzungen gebunden (Vorhandensein eines EEG-Gerätes und eines hochleistungsfähigen Computers für die Auswertung). Man benutzt daher auch gern psychologische Reaktionszeitversuche, zum Beispiel die sogenannte Hicksche Versuchanordnung (Reaktionszeitversuche). Dabei muß nach Aufleuchten einer Lampe (einfache Reaktionszeit) oder einer bestimmten Lampe unter 2, 4, 6 oder 8 Lampen (Mehrfach-Reaktionszeiten) so schnell wie möglich eine Taste gedrückt werden. Man stellte fest, daß diese Reaktionszeit (RZ) – wenn auch recht mäßig – mit Intelligenztestergebnissen korrelierte. Interessanterweise korreliert aber die Varianz der Reaktionszeiten (also die Streuung der RZ in mehreren Versuchen) noch höher als der Mittelwert der RZ in vielen Versuchen mit Intelligenztestergebnissen. Dies spricht nach Meinung einiger Forscher dafür, daß möglicherweise die konstante Aufmerksamkeitszuwendung die Beziehung zwischen Reaktionszeiten und Intelligenz begründet. Jensen (1982, auch Hendrickson u. Hendrickson 1980, ref. in Neubauer 1993) meint dagegen, daß die »neuronale Effizienz«, das heißt die Eigenschaft der »Hardware« (also des Zentralnervensystems), synaptische Impulse an den Neuronen schnell, konsistent (also ohne große Schwankungen in der Zeit) und fehlerfrei zu übertragen, die biologische Basis für Unterschiede in der Reaktionszeit und in den EEG-Parametern ist, die ihrerseits wieder die biologische Basis für interindividuelle Unterschiede in der Intelligenz (A) darstellen (bottom-up-Hypothese).

Man bestimmt heute oft auch die Lösungsgeschwindigkeit bei einfach strukturierten Aufgaben, wie sie etwa der *Zahlenverbindungstest* (ZVT) von Oswald und Roth (1978) enthält. Bei diesem Verfahren müssen in Matrizen ungeordnet vorgegebene Zahlen (1–90) in vier aufeinanderfolgenden Versuchen der Reihenfolge nach so schnell wie möglich durch Linien verbunden werden. Die Ergebnisse des Tests korrelieren sowohl mit üblichen Intelligenztestergebnissen als auch mit den evozierten Potentialen, so daß man davon ausgeht, daß mit diesem Test ebenfalls die IVG gemessen wird. Oswald (1983) berichtet über folgende Befunde mit dem ZVT: Milieugeschädigte Heimkinder und eine (bezüglich Alter, Schulbildung, Beruf der Eltern usw.) parallelisierte Kontrollgruppe unterschieden sich sehr deutlich in den üblichen Intelligenztests (auch im Raven-Test, der angeblich kultur- und bildungsunabhängig ist) zuungunsten der Heimkinder, erreichten aber gleiche Resultate im ZVT. Eineiige Zwillinge (die also das gleiche Erbgut besitzen) unterschieden sich in den üblichen Intelligenztests bedeutend stärker als in Tests der Informationsgeschwindigkeit. Zweieiige Zwillinge und Geschwister (die vom Erbgut unterschiedlich sind) zeigten dagegen größere Unterschiede im ZVT. Der holländische Psychologe van de Vijver (1993) beobachtete, daß Kinder aus Zimbabwe und Kinder aus den Niederlanden sich sehr stark in den komplexeren Tests unterschieden, aber kaum in der einfachen Reaktionszeit. All diese Befunde werden von einigen Forschern als Beweis dafür angesehen, daß man mit der Informationsverarbeitungsgeschwindigkeit (IVG) einen wirklich basalen und stärker genetisch (anlagemäßig) determinierten Faktor der Intelligenz gefunden hat.

Andere ECTs, die mehr die Schnelligkeit der Reizdiskriminierung erfassen, sind die Inspektionszeitmessungen (vgl. Nettelbeck 1987). Dabei werden beispielsweise zwei unterschiedlich lange Linien gezeigt. Es wird über mehrere Versuche hinweg die minimale Zeit bestimmt (mit einem Tachistoskop oder einem Computer), in der es einer Versuchsperson zuverlässig möglich ist, anzugeben, welche Linie die jeweils längere ist. Man fand Korrelationen von Intelligenztests mit dieser an sich sehr einfachen Aufgabe in Höhe von .54.

Selbst bei sehr kleinen Kindern kann man schon die Reizdiskriminierung messen. Fagan (1992) untersuchte, wie lange Säuglinge (z.B. im Alter von 5 Monaten) neue Reize im Vergleich zu schon bekannten alten Reizen betrachten. Das Baby bekommt etwa einen roten Rhombus gezeigt, daraufhin zeigt man ihm gleichzeitig einen grünen Rhombus und ein grünes Quadrat. Das gut entwickelte neugierige Kind wird länger das grüne Quadrat – die neue Form also – als den als Form bereits bekannten grünen Rhombus anschauen. Das bedeutet, daß das Kind die Form als eigenständiges Attribut aus der Kopplung von Farbe und Form gelöst hat. Aus solchen Aufgaben entwickelte Fagan einen Test, der bei verschiedenen Aufgaben den Anteil an der *looking time* mißt, den das Kind benutzt, um neue Objekte zu betrachten im Vergleich zur Betrachtungszeit für bekannte Objekte. Nun wurde festgestellt, daß diese ab dem Säuglingsalter einsetzbaren Tests der »early preference for visual novelty« signifikant (um .45) mit später (z.B. mit 6 Jahren) durchgeführten wissensbasierten Intelligenztests korrelierten, daß sie in Zwillings- und Adoptionsstudien eine hohe genetische Determiniertheit aufwiesen und daß Kinder unterschiedlicher Rassen sich in ihnen weniger als in konventionellen Intelligenztests unterschieden. Auch diese Befunde – verbunden noch mit Befunden aus Tierversuchen und bei Alzheimer-Patienten – werden wie bei den Untersuchungen zur IVG als ein Beweis dafür angesehen, daß man mit solchen einfachen Tests eher die anlagebestimmte Intelligenz erfaßt als mit den üblichen komplexeren Intelligenztests.

Als basale Intelligenzkomponente wird auch noch das Kurzzeitgedächtnis (KZG) bzw. das Arbeitsgedächtnis (working memory, vgl. Baddeley 1986) diskutiert. Während unter dem Kurzzeitgedächtnis mehr die passive Speicherung von Elementen verstanden wird (z.B. die Einprägung einer Wort- oder Zahlenreihe), versteht man unter dem Arbeitsgedächtnis Prozesse, bei denen eine aktive Transformation des zu Speichernden verlangt wird (z.B. die Zahlenreihe muß rückwärts aufgesagt werden) bzw. wo die Elemente oft unter Störbedingungen (vgl. Süllwold 1964) in einem komplexeren Aufgabenzusammenhang in ihrer Relation erfaßt und gemerkt werden müssen (vgl. Oberauer 1993).

Einige Psychologen (z.B. Lehrl u. Fischer 1990) nehmen an, daß das Kurzzeitgedächtnis (KZG) des Menschen durch zwei Basisgrößen bestimmt wird: durch den *Informationszufluß* zum Gedächtnis – also die Informationsverarbeitungsgeschwindigkeit – und durch die *Gegenwartsdauer*, also das unmittelbare Behalten der aufgenommenen Informationen. Das Kurzzeitgedächtnis sei dann quasi das Produkt aus IVG und Gegenwartsdauer. Das KZG wird meist durch das Nachsprechenlassen von Ziffernfolgen geprüft. Die Anzahl der Elemente, die unmittelbar nach der Darbietung richtig reproduziert werden können, wird auch als Gedächtnisspanne oder KZG-Kapazität bezeichnet. Diese Gedächtnisspanne soll ebenfalls eine sehr stark anlagemäßig bestimmte Basisgröße der Intelligenz darstellen. Weiss (1982) hat festgestellt, daß humangenetisch abgeleitete – allerdings noch sehr umstrittene – Annahmen über die Verteilung von »Intelligenztypen« (Graden) in der Bevölkerung in hohem Maße mit empirisch gewonnenen Leistungsverteilungen des Kurzzeitgedächtnisses (KZG) übereinstimmen.

Seidel und Ulmann (1978) vertreten die Auffassung, daß Anlageunterschiede für Intelligenz lediglich unspezifischer Natur sein können, da die Ausbildung der Intelligenz abhängig von dem Kulturbesitz ist, der im Laufe eines Lebens in einer bestimmten historischen Epoche überhaupt angeeignet werden kann. So wird also keine spezifische Anlage für Physik oder Gesellschaftswissenschaften anzunehmen sein. Anzunehmen sind aber kognitive und perzeptive Elementarbefähigungen, die bereits »auf dem Niveau urgesellschaftlicher Lebensformen« angefordert wurden und – falls man damals dazu in der Lage gewesen wäre – auch registrierbar gewesen wären. Diese Hypothesen resultieren aus der ebenfalls sehr wahrscheinlichen Annahme, daß seit der Menschwerdung das Gehirn des Homo sapiens in seiner Struktur im wesentlichen unverändert geblieben ist (vgl. Klix 1983). Unter einem solchen Aspekt verdienen also die Untersuchungen über die Rolle der IVG und des KZG als möglicherweise biologisch determinierte Basiskomponenten der Intelligenz Aufmerksamkeit. Allerdings soll hier nicht verschwiegen werden, daß es nicht wenige Psychologen gibt, die die Bedeutung dieser Basiskomponenten für das intelligente Alltagshandeln stark relativieren und den psychologischen Tests als Meßmethode für IVG und KZG mit Skepsis begegnen. So erklären Vertreter des sogenannten top-down-Ansatzes (z.B. Longstreth 1984, ref. bei Neubauer 1993) die Korrelationen zwischen ECTs und komplexen Intelligenztests anders als die bis jetzt zitierten bottom-up-Theoretiker. Sie meinen, daß intelligentere Personen generell aufmerksamer (vgl. auch die höheren Korrelationen zur Varianz als zum Mittelwert der Reaktionszeiten) und motivierter sind sowie auch bei den ständig wiederholten einfachen Aufgaben eher effektive Lösungsstrategien entwickeln. Hier wird die Kausalkette also umgekehrt. Weil jemand intelligenter ist (durch Erfahrung und Bildung mitbedingt), reagiert er auch in den »Basaltests« (ECTs) schneller und effektiver, und nicht weil er eine in den Basaltests sichtbar gewordene höhere IVG hat, bildet er eine höhere Intelligenz aus. Es ist auch wahrscheinlich, daß der ZVT

(s. o.) beispielsweise von Menschen schneller bearbeitet werden kann, die im Berufsleben viel mit Zahlen zu tun haben und viel schreiben (also z.b. Büroangestellte im Vergleich zu Handwerkern). Damit dürfte auch dieser Test keinesfalls eine völlig bildungsunabhängige Erfassung der IVG als Anlagekomponente gestatten. Vor allem muß davor gewarnt werden, die IVG beim Bearbeiten einfacher Reize in eine unmittelbare Beziehung mit der Lösungsgeschwindigkeit beim Bearbeiten komplexer Probleme zu bringen. Wir kennen zwar aus dem Alltag Menschen mit »einer langen Leitung«, die häufig weniger intelligent sind, andererseits gibt es aber auch den tiefgründig und vielleicht manchmal sogar langsam denkenden »Grübler«, der nicht selten schöpferische Leistungen vollbringt. Übliche Intelligenztests bevorzugen wegen des meist vorhandenen Zeitdrucks den fixen, vielleicht manchmal sogar etwas oberflächlichen Denker (bei den oft benutzten Mehrfachwahlaufgaben kann man auch durch Raten zu Richtiglösungen kommen) gegenüber dem etwas schwerfälligen, aber gründlicheren Denker. In unseren Untersuchungen stellten wir fest, daß Maße des Arbeitsgedächtnisses besonders mit jenen Intelligenztesttypen hoch korrelieren, bei denen bestimmte Zwischenschritte kurzfristig im Arbeitsgedächtnis behalten werden müssen. Dies gilt unter anderem für Figuren- und Zahlenfolgentests, bei denen einzelne Operationen zu merken sind. Versuchen Sie zum Beispiel die nachstehende Zahlenfolge durch Erkennen der Regel richtig fortzusetzen: 0 2 5 10 5 7 10 20 10 ...? Sie werden dabei an sich selbst beobachten können, daß Ihr KZG durch das Merken der einzelnen Operationen (+2, +3, x2, :2) nicht unerheblich gefordert wird. Holzmann u. a. (1983, ref. in Waldmann u. Weinert 1990) stellten fest, daß die Anzahl der im Arbeitsgedächtnis zu merkenden Operationen wesentlich die Schwierigkeit der Zahlenfolge bestimmte. Andere Autoren vertreten sogar die Auffassung, daß schlußfolgerndes Denken (reasoning) generell vor allem eine Leistung des Arbeitsgedächtnisses ist (Kyllonen u. Christal 1990).

Zu bedenken ist jedoch, daß relative Schwächen des KZG und der IVG bei intelligenten Alltagshandlungen dadurch kompensierbar sind, daß man ein umfangreiches und sehr gut organisiertes Wissen (Langzeitgedächtnis) hat. Durch die Stiftung sinnvoller Bezüge zwischen den einzuprägenden Elementen – was eine Leistung des Langzeitgedächtnisses ist – kann die Merkleistung beträchtlich gesteigert werden. Aus dem Alltag wissen wir, daß wir uns Dinge durch sogenannte Eselsbrücken besser merken können. Sinnvolles »Merkmaterial« ist leichter zu behalten als isoliert nebeneinanderstehendes sinnfreies Material.

Stellen Sie sich bitte folgendes Experiment vor: Bei einem Menschen wäre vor dem eigentlichen Versuch festgestellt worden – etwa durch Nachsprechenlassen einer Folge von Ziffern –, daß er sich maximal 6 Elemente merken kann. Seine Gedächtnisspanne wäre also »6«. Bekommt er nun im Experiment die Buchstabenfolge GELONIDAZIJSTRQK kurz optisch dargeboten und wird dann aufgefordert, so viele Buchstaben wie möglich von dieser Folge aus dem Gedächtnis zu reproduzieren, so dürfte seine Gedächtnisspanne bei diesen 16 Elementen deutlich überfordert sein. Hat er aber in seinem Langzeitgedächtnis den Medikamentennamen »GELONIDA« gespeichert (vielleicht ist er Apotheker oder ein schmerzgeplagter Patient) und erkennt er außerdem rasch in den ersten 8 Buchstaben das Wort, dann beanspruchen die ersten 8 Elemente nur einen Platz in seinem KZG. Er hätte dann also noch 5 Plätze für die nachfolgenden Buchstaben frei und käme somit auf eine Gesamtleistung von 13 gemerkten Elementen. Er wäre dann einem Menschen mit einer höheren KZG-Kapazität mit beispielsweise 9 Elementen überlegen, der entweder GELO-

NIDA nicht in seinem Langzeitgedächtnis hat oder den Begriff nicht in der Folge der ersten Buchstaben wiedererkannt hat. Bei solchen Experimenten zum KZG kann man schwer abschätzen, inwieweit auch bei scheinbar sinnlosen Folgen nicht doch noch von den Versuchspersonen Sinn entnommen beziehungsweise unterlegt werden kann.

Die Kapazität des KZG und die IVG können also nicht befriedigend die unterschiedliche Leistungsfähigkeit bei Gedächtnis- und Problemlösungsanforderungen erklären. Vielmehr ist anzunehmen, daß sie wirklich nur basale, aber nicht die entscheidenden Faktoren für erfolgreiches Leistungsverhalten sind.

Weiterhin ist zu beachten, daß auch diese »neuen Basaltests« ebenso wie die Parameter des kognitionspsychologischen Ansatzes und der komplexen Problemlösungsforschung immer nur mit den herkömmlichen Intelligenztests verglichen wurden, aber nicht nachgewiesen wurde, daß sie für praktische Fragestellungen der Intelligenzdiagnostik – zum Beispiel bei der Vorhersage externer Kriterien – besser geeignet sind als die bisher benutzten Verfahren. Neubauer (1993, S. 102) – ein Verfechter dieses zugleich alten und neuen Ansatzes in der Intelligenzdiagnostik – schließt daher sein Überblicksreferat mit folgenden Worten: »Nur wenn ... auch dieser Schritt von der Grundlagenforschung zur angewandten psychologischen Diagnostik gelingt, erscheint die Hoffnung auf eine ›Revolution in der Theorie und Messung der Intelligenz im Kuhnschen Sinne‹ (Eysenck 1988) gerechtfertigt.«

»Praktische Intelligenz«, »Soziale Intelligenz« und »Weisheit« – die im Test vernachlässigten Schwestern der »akademischen Intelligenz«?

Wir haben den Begriff der »Praktischen Intelligenz« bereits in einem anderen Zusammenhang kennengelernt, als wir den Handlungsteil der Wechsler-Intelligenztests (s. S. 36, 45) als Pendant zum Verbalteil kurz besprachen. Unter »praktischer Intelligenz« verstand man zunächst praktisch-manipulatives Handlungsgeschick, das in der sogenannten Psychotechnik der zwanziger und dreißiger Jahre mit Proben der praktisch-technischen Intelligenz erstmals im größerem Umfange untersucht wurde. Man ließ die Probanden in der Berufsberatung und Eignungsdiagnostik beispielsweise aus Einzelteilen kleine Zählwerke oder Pumpwerke zusammenbauen. Neben »Handgeschick« spielte hierbei das mechanisch-technische Verständnis eine besondere Rolle. Später wurde das Letztere lieber mit paper and pencil-Tests untersucht, wobei zu Zeichnungen von technischen Geräten und Abläufen Fragen zu beantworten sind (vgl. z.B. den »Mechanisch-technischen Verständnistest« MTVT nach Lienert 1964; nach diesem Prinzip gibt es inzwischen mehrere neuere Testvarianten).

Diese mehr technisch-praktische oder »manipulative Intelligenz« als eine Facette der »praktischen Intelligenz« ist aber zu unterscheiden von einer Form der »praktischen Intelligenz«, die auch technisch unpraktische und eher ungeschickte Menschen im hohen Maße besitzen können und die erst in den letzten Jahre stärkere Beachtung gefunden hat (vgl. Wagner u. Sternberg 1986). Gemeint ist hierbei eine gewisse Lebensklugheit oder Cleverness, die sich vor allem im Alltag bei der Lösung von Berufsproblemen und in der sozialen Durchsetzung zeigt, nicht aber unbedingt in hohen Intelligenztestergebnissen oder hervorragenden Schulzensuren.

Bisherige Untersuchungen zeigten, daß Intelligenztests recht gut den Schul- und Ausbildungserfolg voraussagen können, obwohl man sich auch hier noch bessere prognostische Validitätskoeffizienten vorstellen könnte (vgl. Jäger 1986, Kühn 1987). Dies liegt nach der Meinung vieler Kritiker vor allem daran, daß Intelligenztests im hohen Grade schulisches Wissen (wozu auch die Vermittlung logischer Fähigkeiten gehört, wie sie z.B. bei dem so schulfremd wirkenden Raven-Test – s. o. – erforderlich sind) verlangen. Tests prüfen nach Neisser (1974) also vor allem eine »akademische Intelligenz«. Die gestellten Testanforderungen werden von anderen Personen formuliert (also die Ziele vorgegeben), es gibt meist nur eine richtige Antwort; Wissen und streng logisches Denken führen in der Regel zum Ziel. Der Bezug zu den Leistungssituationen des Alltags, »wo ein angemessenes Reagieren im Sinne der eigenen Kurz- und Langzeit-Ziele, die aktuellen Faktoren der jeweiligen Situation so hingenommen, wie man sie vorfindet« (zit. nach Amelang u. Bartussek 1990, S. 242, s. auch unsere Intelligenzdefinition, S. 59), erforderlich ist, ist kaum gegeben. Möglicherweise ist dies auch der Grund dafür, daß im Beruf und Leben sehr erfolgreiche Menschen keinesfalls zwangsläufig auch hochintelligent im Sinne der üblichen akademischen Intelligenztests sein müssen. Sie haben aber oft Eigenschaften und eine »Cleverness«, die von den üblichen Tests nicht erfaßt wird. Insbesondere Wagner u. Sternberg (1986) fordern die Erfassung einer »praktischen Intelligenz« durch Fragebogen und Tests, bei denen mehr ein »practical know how«, soziale Intelligenz und die Fähigkeit zur Zielfindung und Lösung bei schlecht definierten (ill-defined) Problemen des Alltags (s. hierzu auch die Ausführungen zu den »komplexen Problemstellungen bei Computerszenarios«) im Vordergrund stehen. Zur Gewinnung von Test- oder Fragebogenitems stellt man häufig zunächst die Lösungsvorschläge von Experten oder sehr Erfolgreichen den Lösungsvorschlägen von Anfängern oder weniger Erfolgreichen gegenüber. Wie problematisch dies aber ist, zeigt eine Untersuchung von Wagner (1987). In dieser Untersuchung sollte das für praktische Intelligenz besonders relevante »tacit knowledge« (stilles, nirgends explizit gelehrtes Wissen) bei Studenten und Experten der akademischen Psychologie untersucht werden. Gefragt wurde danach, welche Aktivitäten wohl ein ehrgeiziger Assistent (bzw. Assistentin) bevorzugen sollte, um schnell wissenschaftliche Karriere an einer Universität zu machen. Entgegen aller in den USA und heute auch in Deutschland besonders betonter Bedeutung der Lehre an Hochschulen stellte sich heraus, daß die Erfolgreichen (Experten und »clevere Anfänger« gleichermaßen) an der Universität eher die Lehre für minder wichtig hielten und ihre Hauptenergie auf die Forschung (z.B. Publikationen in wissenschaftlich renommierten Zeitschriften) orientierten. Der Autor hält es schon für sehr fraglich, ob man Intelligenz – und wenn es auch »nur« die praktische Intelligenz ist – an sehr problematischen Nützlichkeitsabschätzungen messen sollte, die in kürzester Frist ganz anders aussehen könnten, wenn zum Beispiel Studenten und Universitätsleitungen beziehungsweise Ministerien sich nicht länger mit einem solchen Übergewicht der Forschung gegenüber der Lehre bei Professorenberufungen zufrieden geben (wie jetzt schon absehbar). Im Raven-Test bleibt die richtige Lösung immer gleich, bei solcher Art von »praktischen Intelligenztests« wechselt sie wohl sehr in Abhängigkeit vom »Zeitgeist«. Darüber hinaus ist zu fragen, ob in diesem Ansatz nicht der Intelligenzbegriff überdehnt wird, da man zweifellos noch sehr viele andere Faktoren außer der Intelligenz finden kann, die den Berufs- und Lebenserfolg bedingen, darunter neben zweifellos positiven Eigenschaften (wie Leistungsmotivation, Wißbegier) möglicherweise auch moralisch sehr fragwürdige wie »Ellbogenmentalität«, Egoismus, gewissenlose Anpassung an die jeweils Stärkeren, Machiavellismus. Will man diese denn nun auch in »praktischen Intelligenztests« umsetzen, und ist derjenige dann der »Intelligentere«, der in Tests und im Leben dann auch solche fragwürdigen Eigenschaften besonders zeigt?

Das Konzept der »praktischen Intelligenz« hat allerdings noch viele andere Facetten und wird bisher keinesfalls einheitlich definiert. Es gibt auch starke Ähnlichkeiten zum Begriff der »sozialen Intelligenz«, der »emotionalen Intelligenz« (Goleman) oder der sozialen Kompetenz. Darunter versteht man vor allem das Verständnis von und den effektiven Umgang mit anderen Menschen. Auch dieser Faktor ist zweifellos für viele Berufe – vornehmlich für Manager, Lehrer, Ärzte, Psychotherapeuten oder Verkäufer – von entscheidender Bedeutung. Bisherige Versuche mit Tests, diese soziale Intelligenz als eigenständigen Faktor zu extrahieren (vgl. Orlik 1978, Probst 1981), führten aber nicht zum Erfolg. Oft korrelierten die »sozialen Intelligenztests« sehr hoch mit der verbalen Intelligenz. Amelang und Bartussek (1990) meinten, daß man soziale Intelligenz besser mit Fragebogentests als mit Leistungstests erfassen könne (s. auch Wagner 1987). Mercer u. a. (1986, ref. in Riemann 1990) entwickelten ein Verfahren (Adaptive Behavior Inventory for Children), das prüft, inwieweit Kinder verschiedene soziale Rollen ausfüllen können, etwa Familienrollen (z.B. Hilfe für jüngere Geschwister, Hausarbeit) oder Gemeinschaftsrollen (Teilnahme an gesellschaftlichen Aktivitäten), und inwieweit sie qualifizierte Verbraucheraktivitäten (Umgang mit Geld, Warenkunde) sowie Selbsterhaltungsaktivitäten (Sorge für die eigene Gesundheit, Sicherheit und Bedürfnisbefriedigung) zeigen. Untersuchungen im Erwachsenenbereich benutzten vor allem das Interview, um »Kompetenzen« von erfolgreichen Menschen zu identifizieren, die zum Teil identisch sind mit Komponenten der praktischen und sozialen Intelligenz. Fähigkeiten zum synthetischen Denken und Planungsdenken (neben dem Bedürfnis nach Einfluß und Selbstvertrauen als »Charaktereigenschaften«) erwiesen sich als besonders bedeutsam. Interessant ist, daß auch die neuropsychologische Leistungsdiagnostik bei »Hirngeschädigten« (z.B. nach Schlaganfall) den Planungsdefiziten (besonders bei Frontalhirngeschädigten) bei Alltagshandlungen verstärkte Aufmerksamkeit zuwendet. Von Funke und Fritz (1995) werden solche neuen Verfahren der »Planungsdiagnostik« sowohl für Führungskräfte als auch für Patienten beschrieben. Für Führungskräfte ist schon seit längerem die »Postkorbübung« (basket-test) in Gebrauch, vor allem auch im Rahmen sogenannter Assessment Center. In dieser Simulationsübung muß sich der Proband in die Rolle eines Managers versetzen, der in einem Ablagekasten Berichte, Briefe, Merkzettel und Gesprächsnotizen findet, die in eine Wichtigkeitsrangfolge zu bringen sind und Entscheidungshandlungen verlangen, bei denen man etwa Auskunft geben oder nachfragen muß, eventuell eine Aufgabe auch delegieren kann. Im Script-Monitoring-Test werden Videosequenzen einer einfachen Handlung (z.B. Kaffee kochen) vorgegeben, in denen die Patienten Fehler in der Abfolge der Handlungen erkennen müssen (z.B. Einräumen des ungereinigten Filters). Der Nachteil dieser alltagsnahen Szenarios ist, daß man ganz spezifisches Vorwissen und Vorerfahrungen bei der Auswertung berücksichtigen muß. Für manche Patienten, die vor ihrer Erkrankung solche »Routinen« des praktischen Alltags leicht bewältigen, ist aber oft die Fehlererkennung und Planung in solchen Alltagshandlungen deutlich erschwert.

Bei der Untersuchung der »Altersintelligenz« wurde

oft festgestellt, daß im höheren Alter bei vielen Menschen die sogenannten flüssigen Intelligenzleistungen (z.B. schnelles logisches Denken, Wahrnehmungsgenauigkeit, Informationsverarbeitungsgeschwindigkeit, Arbeitsgedächtnis) – nach Baltes und Staudinger 1993 die sogenannte Intelligenzmechanik – nachlassen, während die kristallisierten Intelligenzleistungen (kulturell erworbener Wissenskörper mit damit verknüpften Gedächtnis- und Wissensstrategien) – die sogenannte Intelligenzpragmatik – oft lange sehr stabil bleiben, bei viel geistiger Aktivität sogar noch ausgebaut werden können. Schon im psychologischen Alltagsdenken wird erfahrenen alten Menschen oft ein langsameres Reagieren, aber dafür oft größere Weisheit (Altersweisheit) zugetraut. Bisher wurde diese aber in Tests nicht erfaßt. In der Arbeitsgruppe um Baltes (vgl. Baltes u. Staudinger 1993) wird nun seit einigen Jahren versucht, auch diese Weisheit oder weisheitsähnliches Lebenswissen im Labor (im Test also) zu erfassen. Dabei wird Weisheit als ein Expertenwissen aufgefaßt, das »existentielle Aspekte des menschlichen Lebens«, »die fundamentale Pragmatik des Lebens« erfaßt. Dabei wird von fünf Kriterien ausgegangen (s. Abb. 11).

Es ist nicht möglich, hier die zugrundegelegte Weisheitstheorie näher zu schildern. Die Weisheitskriterien werden geprüft, indem man den Testanden zum Beispiel folgende Situationen schildert: »Ein 15jähriges Mädchen will unbedingt sofort heiraten. Was sollte man/sie tun und bedenken?« »Stellen Sie sich vor, ein guter Freund ruft Sie an und sagt, er würde nicht mehr zurechtkommen und sich das Leben nehmen. Was würden Sie denken und wie würden Sie diese Situation handhaben?« Die Testanden werden nun aufgefordert, über diese Probleme laut nachzudenken. Der Interviewer registriert, inwieweit die Problemverbalisationen den fünf Kriterien entsprechen. Im Unterschied etwa zum Arbeitsgedächt-

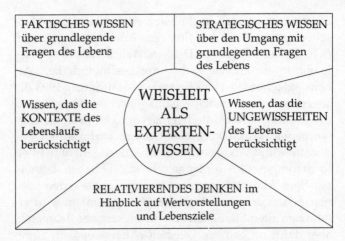

Abbildung 11: Fünf Kriterien definieren Weisheit als ein Expertensystem in der fundamentalen Pragmatik des Lebens (vgl. Baltes u. Staudinger 1993)

nis zeigen bei solchen »Weisheitsproben« ältere Menschen keinen altersbezogenen Abbau ihrer Leistungsfähigkeit; ganz im Gegenteil, auch unter den oberen 20% rangierten eher ältere als jüngere Probanden. Aber hohes Alter allein garantiert noch keine Weisheit, vielmehr sind viel Erfahrung und Bildung sowie ein nicht durch Krankheit geschädigtes Gehirn unerläßliche Vorbedingungen. Zur Zeit wird Weisheit noch als Höchstleistung im Sinne der Erforschung von Expertensystemen (s. Mandl u. Spada 1988) bei einigen wenigen »Experten« untersucht. Möglicherweise wird aber in der Zukunft das »Weisheitskonstrukt« eine ähnliche Inflation beziehungsweise Demokratisierung wie das »Kreativitätskonstrukt« durchmachen, das ja ursprünglich auch nur für einige Auserwählte als relevant angenommen wurde, jetzt aber als eine kontinuierlich variierende Merkmalsausprägung bei allen Menschen verstanden, als registrierbar und damit auch testbar angesehen wird. Wahrscheinlich wird man bald auch wieder feststellen, daß es *die* Weisheit als homogenes Konstrukt nicht gibt, sondern daß man empirisch die verschiedensten Facetten der Weisheit unterscheiden kann, so wie es die verschiedenen Formen der Kreativität gibt.

Sind Intelligenztests trainierbar?

Die ältere, endogenistisch eingestellte Psychodiagnostik, die die Rolle der Anlagen und des Erbgutes für das alltägliche Leistungsverhalten und auch für das Abschneiden im Intelligenztest überbetonte, war der Auffassung, daß sich im Intelligenztest unmittelbar die Anlage widerspiegelt und Tests kaum trainings- und übungsabhängig seien. Diese Ansicht darf als widerlegt gelten. Bereits Otto Selz – ein bekannter deutscher Denkpsychologe der dreißiger Jahre, der in der Nazizeit im KZ umkam – hatte 1935 in einer Zeit, in der extrem biologistische und endogenistische Theorien in der Psychologie dominierten, aufgrund von Trainingsversuchen mit Zahlenfolgentests folgende damals nicht gerade opportune Feststellung getroffen: »Gleichzeitig hatte sich die Lösung einer der originellsten Gruppen von Begabungstests als eine durchaus lehrbare Leistung erwiesen. Die weit verbreitete Meinung, echte Intelligenzleistungen seien dadurch gekennzeichnet, daß man sie nicht lernen könne, war widerlegt« (Selz 1935, S. 254). Ungefähr um die gleiche Zeit übte Kern (1930) Kritik an der Theorie und Praxis der Psychotechnik. Die Psychotechniker versuchten, mit Hilfe ihrer auch die technische Befähigung erfassenden Tests eine Eignungsauslese für Betriebe zu entwickeln. Kern ließ diese Tests über mehrere Wochen hinweg durch bloßes Wiederholen üben. Er stellte nicht nur fest – was uns heute fast trivial erscheint –, daß ein erheblicher Übungseffekt zu erzielen ist, sondern noch etwas viel Wichtigeres, nämlich, daß die im Ersttest erhaltene Rangordnung der Testanden durchaus nicht mit der im letzten Test registrierten Rangordnung übereinstimmen muß. Erst nach dem 5. Wiederholungsversuch konnte das Ergebnis des Endversuchens annähernd richtig vorhergesagt werden. Aus diesen Ergebnissen schlußfolgerte Kern u. a.: »Die einmalige Anwendung eines Prüfverfahrens gestattet keine einwandfreie Prognose und muß in vielen individuellen Fällen zu groben Fehlschlüssen verleiten« (S. 463). »Den großen Vorzug aller psychologischen Prüfverfahren hat man darin erblickt, daß sie mit Hilfe einer einfachen Stichprobe zu einer einwandfreien Beurteilung des Intelligenz- oder Fähigkeitsgrades der Prüflinge gelangen. Und gerade diese Stichproben besitzen nicht jene diagnostische und prognostische Sicherheit, die man ihnen angedichtet hat.« Der Psychologe »ist nicht gegen die Überraschung gesichert, daß Prüflinge, die wir aufgrund des Prüfungsausfalles als schlecht begabt zensieren, sich mit einem Male als hervorragend befähigt erweisen« (S. 464). Mit diesen Positionen stand er im krassen Widerspruch zu den Auffassungen der damals führenden Psychotechniker. So hatte z.B. Giese (zit. nach Kern, S. 19) geschrieben: »Zur größten Beruhigung muß festgestellt werden, daß die natürlich mitgebrachte Anlage beim Gesunden durch Übung nur äußerst geringe Verschiebung erfährt.« Gegen die Kernschen Untersuchungen wurden zwei Einwände erhoben. Die Wochen dauernden Test- und Trainingsprozeduren seien zu zeitaufwendig für die übliche Untersuchungspraxis des Psychologen, und die benutzten Tests seien zu unzuverlässig.

In den fünfziger Jahren gab es in England eine heftige Diskussion um die sogenannte Eleven-plus-Prüfung, bei der auch mittels Intelligenztest die Schüler für die höhere Schule ausgewählt wurden. Da einigen Schülern und Eltern Testübungsbücher zugänglich waren und anderen nicht, wurde in mehreren Untersuchungen englischer

Psychologen der Frage der Übbarkeit nachgegangen. Es wurde ein hoher Testübungseffekt nachgewiesen, aber gleichzeitig wurden bei diesen zuverlässigen Tests angeblich keine Rangplatzverschiebungen der Prüflinge durch Testübungen festgestellt, die Besten blieben also immer die Besten, die Schlechtesten die Schlechtesten. Die englischen Psychologen fordern daher zur Angleichung des Ausgangsniveaus den Einbau von Testübungsstunden in den üblichen Schulunterricht der Grundschulen. Es gibt inzwischen einen großen Markt von Testübungsbüchern, die jedermann im Buchhandel kaufen kann. Für den diagnostizierenden Psychologen ist daher im Einzelfall unklar, ob er einen bereits »vortrainierten« oder einen »naiven« Testanden vor sich hat. Viele Autoren (vgl. z.B. Schneider 1987, der die Literatur zur Testübung ausgewertet hat) und Testanwender empfehlen daher potentiellen Testanden, sich auf Tests vorzubereiten, und geben zum Teil auch Testvorbereitungsbroschüren in den Handel oder verschicken sie an Interessierte (z.B. für den »Test für medizinische Studiengänge«, TMS, oder für Assessment Center-Teilnehmer in den sogenannten Lern-Assessment Centers, s. Obermann 1994, Sarges 1993). Man muß allerdings bedenken, daß trotz dieser Maßnahmen nicht bei allen späteren Testanden eine gleiche Vor-Übung vorausgesetzt werden kann. Man könnte auch noch zusätzlich mehr oder weniger effektive, auf jeden Fall aber teure Testvorbereitungsseminare besuchen, wie sie auch für die medizinischpsychologische Eignungsuntersuchung von Kraftfahrern angeboten werden. Der Autor ist der Auffassung, daß Tests sowohl für Testanwender als auch für Testanden selbst aussagekräftiger und fairer werden, wenn man Lernmöglichkeiten für die Testanden in den Testprozeß selbst einbaut und nicht auf letztlich doch unkontrollierbare »Testvorübungsphasen« vertraut.

Lerntests – eine neue Form von Intelligenztests

Als eine neue Form von Intelligenztests, die bewußt Lernmöglichkeiten in den Testprozeß einbaut und dadurch eine gültigere, umfassendere und fairere Intelligenzdiagnostik anzielt, wurde in einer Phase besonders heftiger Testkritik Ende der sechziger Jahre – aufbauend auf Erkenntnissen schon aus den zwanziger Jahren – nahezu gleichzeitig, aber unabhängig voneinander vor allem in den USA (Budoff 1978), in Israel (Feuerstein 1972), Rußland (Iwanowa 1973, Kalmykowa 1975), Ungarn (Klein 1975) und in der DDR (Guthke 1972) eine neue Konzeption von Intelligenztests entwickelt, die unter verschiedenen Begriffen wie *Learning Potential Assessment, Lerntestkonzept, Testing the Limits* (vgl. Schmidt 1971), *Dynamic Assessment, Interactive Assessment* (vgl. Haywood u. Tzuriel 1992, Lidz 1987) auftritt. Eine umfangreiche Übersicht über die historischen Wurzeln, Facetten, Methoden und Befunden zu diesen neuen Ansätzen, die übrigens auch außerhalb der Intelligenzdiagnostik Anwendung finden, bieten Guthke und Wiedl (1996).

In unseren Untersuchungen, über die in zwei Monographien des Verfassers ausführlich berichtet wird (Guthke 1977, 1980), wurde festgestellt, daß auch bei hochzuverlässigen Tests (z.B. Raven-Test, Untertests des Intelligenz-Struktur-Tests s. o.) Erst- und Zweittestung nach Training zwar erwartungsgemäß positiv korrelieren, daß aber diese Korrelation nicht sehr hoch ist. Es lassen sich also durchaus Rangplatzverschiebungen nach einem Intelligenztraining feststellen, das heißt, bei gleichem Ausgangsniveau im Ersttest können sich Testanden erheblich im Zweittest unterscheiden. Sie profitieren also in unterschiedlichem Grade vom Testtraining, zeigen eine unterschiedliche »Lernfähigkeit« bei gleichem Ausgangsniveau im Prätest (Vortest; s. z.B. Simons u. Möbus 1977 in Hinblick auf den IST).

Unsere Untersuchungen wurden theoretisch angeregt durch Vorstellungen des sowjetischen Psychologen Wygotski (1964), einem der Begründer der sowjetischen Psychologie, insbesondere der sogenannten kulturhistorischen Schule, die heute international (vor allem auch in den USA) anerkannt ist.

Wygotski ging von dem Grundsatz der marxistischen Erkenntnistheorie, der übrigens von anderen erkenntnistheoretischen Schulen (z.B. dem Konstruktivismus) geteilt wird, aus, daß man eine Erscheinung am besten erkennt, wenn man verändernd auf sie einwirkt. Aus dieser Position heraus konzipierte er die experimentell-genetische Methode im Rahmen der Allgemeinen und Entwicklungspsychologie, die die bisher übliche reine Statusmessung (Feststellung lediglich des aktuell Beobachtbaren an Kenntnissen und Können) ergänzte. Es sollte hierbei nicht nur die Ablösung der einen Verhaltensform durch die andere im Verlaufe der Entwicklung konstatiert werden, sondern der Übergangsprozeß selbst mußte im Laborexperiment studiert werden, wie sein später berühmtester Schüler Leontjew (1931) schrieb.

Wygotski hatte für das menschliche Lernen die entscheidende Bedeutung der »Zusammenarbeit des Kindes mit dem Erwachsenen« erkannt. Er sah daher im Testresultat nicht das Ergebnis eines vornehmlich biologisch bedingten Entfaltungsgrades der psychischen Funktionen, sondern er betrachtete das Testresultat als Ergebnis des dialektischen Wechselspiels von Anlagen des Kindes und der bis zum Testzeitpunkt wirksamen Umgebungs-, Erziehungs- und Bildungsbedingungen für das Kind. Als sehr praktisch eingestellter Psychologe sah er aber dadurch auch den Nutzen der Tests. Er wollte seine theoretischen Erkenntnisse mit den Positiva der

Testmethode (also vor allem Standardisierung und experimentelles Vorgehen) verbinden. Infolge seines frühen Todes ist er aber nur dazu gekommen, erste konzeptionelle Vorstellungen zu äußern, wie diese Verbindung aussehen könnte. Er verwendet in diesem Zusammenhang ein viel zitiertes Gleichnis (Wygotski 1964, S. 212): »Wie ein Gärtner, der den Zustand seines Gartens feststellen will, falsch handeln würde, wenn er ihn lediglich nach den Apfelbäumchen beurteilte, die ausgereift sind und Früchte gebracht haben, anstatt auch die heranreifenden Bäume in Rechnung zu stellen, so muß der Psychologe bei der Beurteilung des Entwicklungsstandes nicht nur die herangereiften, sondern auch die heranreifenden Funktionen, nicht nur das gegenwärtige Niveau, sondern auch den Bereich kommender Entwicklung berücksichtigen.« Wygotski führte die auch heute wieder viel beachtete Unterscheidung zwischen einer »Zone der aktuellen Entwicklung« und einer »Zone der nächsten Entwicklung« ein. Die »Zone der aktuellen Entwicklung« umfaßt das in einer Statuserhebung bei der selbständigen Bearbeitung von Aufgaben gezeigte Niveau. So könnte man mit dem Binet-Test bei zwei Kindern nach den Regeln der Testauswertung ein Intelligenzalter (IA) von 8 Jahren feststellen (wenn beide Kinder die Aufgaben bis zur 8. Jahresreihe selbständig und richtig gelöst haben). Nun sollte man aber nach Wygotski im Unterschied zum herkömmlichen Test noch überprüfen, inwieweit die beiden Kinder überdies zu Aufgabenlösungen in den oberen Testjahren fähig sind, wenn man in »Zusammenarbeit mit dem Testleiter« – also durch Hilfsfragen (Denkimpulse, z.T. auch durch Vormachen) – dem Kind das Aufgabenlösen erleichtert. Dabei könnte sich vielleicht zeigen, daß das eine Kind mit dem IA = 8 nur die Aufgaben bis zum 9. Testjahr noch löst, während das andere Kind mit dem gleichen IA = 8 bis zum 12. Testjahr voranschreitet. Die »Zone der nächsten Entwicklung«

unterscheidet sich also deutlich bei gleichem Niveau der »Zone der aktuellen Entwicklung«. Wygotski nimmt nun an, daß die »Zone der nächsten Entwicklung« im Vergleich zur »Zone der aktuellen Entwicklung« eine größere Bedeutung für die »Dynamik der intellektuellen Entwicklung« habe und somit auch zuverlässigere Prognosen der schulischen Leistungen zulasse.

Als ebenfalls sehr produktiver Forscher auf dem Gebiet der Defektologie – wie in Rußland die Sonderschul- und Rehabilitationspsychologie heißt – erhoffte sich Wygotski von diesem neuen diagnostischen Ansatz eine bessere Differentialdiagnose zwischen endogen Intelligenzgeminderten (echt intelligenzgeschädigten Kindern, die die Sonderschule besuchen sollten) und lediglich schlecht geförderten, noch »unreifen« oder aus anderen Gründen leistungsversagenden Kindern. Bei diesen Kindergruppen könne der einfache Statustest (= herkömmlicher Intelligenztest) oft die gleichen Resultate zeigen, in der »Zone der nächsten Entwicklung« würden sich aber die »nur leistungsschwachen«, nicht intelligenzgeschädigten Kinder von den Intelligenzgeschädigten deutlich unterscheiden, da sie von den Hilfen viel mehr profitieren als die Intelligenzgeschädigten. Obwohl diese Vorstellungen Wygotskis der »psychologischen Praxis völlig neue Möglichkeiten« (Leontjew und Luria 1964) eröffneten, blieben sie lange Zeit in der Psychodiagnostik nahezu völlig unberücksichtigt und haben auch heute noch keinen allgemeinen Eingang in die diagnostische Routinetätigkeit der Psychologen gefunden. Dafür gibt es verschiedene Gründe. In der Sowjetunion verhinderte nicht nur der frühe Tod Wygotskis die Realisierung seiner Idee – das psychometrische Vorgehen mit dem experimentell-genetischen Ansatz zu verbinden –, sondern auch die infolge des Pädologie-Beschlusses von 1936 (s. S. 146ff.) einsetzende massive Kritik an Tests. Allerdings wurde seine Idee bei dem nicht testmäßigen

Vorgehen im Rahmen sogenannter dynamischer diagnostischer Untersuchungen bei der Sonderschulaufnahme in der Sowjetunion in gewissem Maße beachtet (s. auch Mentschinskaja 1974). In den westlichen Staaten hatte man zunächst im Rahmen der Eignungsauslese kein besonderes Interesse an den Ideen von Kern und Wygotski (s. auch ähnliche Vorstellungen bei amerikanischen Psychologen, z.B. Deaborn 1921, de Weerdt 1927, Thorndike 1924, ref. in Guthke u. Wiedl 1996), da bei der Testanwendung nicht primär die optimale Ausschöpfung aller Potenzen des Getesteten interessierte, sondern die allein schon aufgrund des Statustestergebnisses scheinbar mögliche Auswahl der »Besten« genügte. Ob sich unter der Gruppe der Abgelehnten auch Menschen befinden, die sich ebenfalls als geeignet erweisen, wenn man ihre Lernfähigkeit in Trainingsversuchen nach den Vorstellungen von Kern und Wygotski überprüft, interessierte bei dem Überangebot von Arbeitskräften kaum. Bei der »Begabungsauslese« für höhere Schulen hatten die Kinder der sowieso schon privilegierten Oberschicht bei einer reinen Statustesterhebung stets einen Vorteil gegenüber den weniger geförderten Kindern aus der »Unterschicht«, die auch nach Untersuchungen der englischen Psychologen (s. Vernon 1952) von einem Testtraining mehr profitieren als die schon im Ersttest leistungsfähigeren Kinder der Oberschicht. Gesellschaftskritische Pädagogen und Psychologen haben dies klar erkannt und auch aus diesem Grunde um der angestrebten »Chancengleichheit« willen die alleinige Orientierung auf den herkömmlichen Intelligenzstatustest kritisiert. In den sechziger und siebziger Jahren – im Rahmen der sozialliberalen Reformpolitik im Bildungswesen mit der enormen Ausweitung der Ober- und Hochschulen – standen daher in der BRD die Suche nach »Begabungsreserven« unter Kindern von Unterprivilegierten und die Forderung nach größerer Chancengleichheit auf dem

Programm vieler progressiver Psychologen und Pädagogen. Dabei gab es auch Versuche, mit Hilfe von Intelligenztests diese Begabungsreserven zu identifizieren. Es zeigte sich auch eine große Aufgeschlossenheit gegenüber neuen Diagnostizierungsstrategien, die eine gerechtere (fairere) Einschätzung der intellektuellen Leistungsfähigkeit (Lernpotenz) wenig geförderter Kinder versprachen. Die positive Aufnahme des Lerntestkonzepts durch viele Psychologen ist auch aus dieser damaligen gesellschaftlichen Situation erklärbar. In den achtziger Jahren gab es dagegen bei einigen Psychologen infolge der veränderten wirtschaftlichen und politischen Lage (Arbeitslosigkeit, darunter auch unter den Akademikern, konservative Trendwende) ein deutliches Zurück zu alten Positionen. Es wurde wieder stärker die Rolle der Anlage für die Ausprägung der Intelligenz betont und eine schärfere Auswahl der »wirklich Begabten« (und nicht so sehr die Suche nach unentdeckten Begabungsreserven) propagiert. Lerntests erschienen für diese Zielstellung nicht so wichtig (vgl. aber Guthke 1992) und verloren deshalb an Interesse. Gegenwärtig wird aber vor allem im Rahmen der Beurteilung von Kindern ausländischer Minoritäten (»Gastarbeiterkindern«, vgl. Hamers u. a. 1993, Haywood u. Tzuriel 1992), aber auch von eingewanderten erwachsenen Arbeitnehmern (vgl. Downs 1985) und von Bewerbern mit sehr unterschiedlichen Voraussetzungen (z.B. Ost- und Westbewerber, vgl. Wottawa 1994) in Assessment Centers (vgl. Sarges 1993) dem Lerntestkonzept erneut größere Bedeutung in der Intelligenz- und gesamten Eignungsdiagnostik zuteil. Es ist wohl auch kein Zufall, daß das Lerntestkonzept vor allem in Ländern mit hoher Immigration oder mit vielen nationalen Minderheiten (Israel, USA, Niederlande, Großbritannien, ehemalige Sowjetunion, aber eben auch Deutschland) und damit verbundenen großen Unterschieden hinsichtlich des kulturellen Hintergrundes der

Testanden besonders viele Befürworter findet. Gerade für aus den verschiedensten Gründen »Unterprivilegierte« erweist sich wohl die vom Autor (vgl. Guthke 1980) unter Rückgriff auf Wygotski, aber auch Hebb vorgeschlagene Unterteilung des Intelligenzbegriffs in Intelligenzanlage, Intelligenzstatus und Intelligenzpotenz (intellektuelle Lernfähigkeit) als sinnvoll. Unter *Intelligenzanlage* (Intelligenz A nach Hebb) verstehe ich die bei der Geburt eines Menschen vorhandenen genetischen und anatomisch-physiologischen Besonderheiten mit Relevanz für die spätere Intelligenzausprägung. Diese Anlage kann zur Zeit weder mit humangenetischen (biologisch-medizinischen) noch mit psychologischen Methoden gemessen werden, über sie kann man lediglich aufgrund des Intelligenzstatus Vermutungen äußern. Der Intelligenzstatus beschreibt das gegenwärtig – etwa im Intelligenztest – registrierbare Intelligenzniveau (bei Wygotski »Zone der aktuellen Entwicklung«, bei Hebb Intelligenz B). Der Intelligenzstatus wird nur unvollständig durch Verhaltensstichproben erfaßt, die durch die jeweilige Eigenart der benutzten Denkaufgaben oder des Intelligenztests bestimmt werden. Unter Intelligenzpotenz (bei Wygotski »Zone der nächsten Entwicklung«) verstehen wir dagegen die unter »testoptimierenden Bedingungen« potentiell aktivierbare intellektuelle Leistungsfähigkeit. Die Intelligenzpotenz wird auch wieder nur stichprobenhaft mittels Lerntests und durch eine längerwährende Beobachtung der Veränderung des Intelligenzstatus infolge Training, Therapie und Unterricht erschlossen. Von Kliegl und Baltes (1987) wurde die Intelligenzpotenz noch einmal unterteilt in die *baseline reserve capacity* der Intelligenz und die *developmental reserve capacity*. Die erstere wird sichtbar in der bei optimierter Testdarbietung erzielbaren Leistungssteigerung (wie bei den sogenannten Kurzzeitlerntests erreichbar, s.u.), die letztere dagegen nur nach längeren Trainingsmaßnahmen, zumindest von der Länge wie sie in sogenannten Langzeit-Lerntests (s.u.) realisiert werden. Es gibt die theoretisch wohlbegründete Annahme, daß die Intelligenzpotenz zwar auch nicht direkt die Intelligenzanlage widerspiegelt (auch die Lernfähigkeit ist trainierbar!), aber doch zuverlässigere Rückschlüsse auf diese zuläßt als die alleinige Messung des Intelligenzstatus mit herkömmlichen Tests.

Lerntesttypen

Bei den Langzeitlerntests (LZL) wird zunächst ein Prätest (Ersttest) durchgeführt. Dieser ist vergleichbar mit einem Intelligenzstatustest. Dann folgt eine Pädagogisierungs- oder Trainingsphase, in der die Testanden durch Vermittlung heuristischer Regeln und durch Übung an Beispielaufgaben lernen, wie man Testaufgaben des benutzten Typs (z.B. Analogien und Figurenfolgentests) besser bewältigen kann. An einem der nächsten Tage erfolgt dann der Posttest (Zweittest). Prä- und Posttest sowie die Trainingsitems sind strukturgleich, aber natürlich nicht identisch. Ein solcher Langzeitlerntest ist z.B. der LTS (Lerntest »Schlußfolgerndes Denken« nach Guthke, Jäger und Schmidt 1983), der mit Hilfe der bereits vorgestellten Aufgabentypen (s. S. 40) den Kernfaktor der Intelligenz bei Schülern der Klassen 6–9 untersucht. In der Trainingsphase, die hier auch als Gruppensitzung (also z.B. im Klassenverband) durchgeführt werden kann, arbeiten die Testanden ein jeweils zwei Unterrichtsstunden in Anspruch nehmendes programmiertes Lehrbuch ab. Unsere Untersuchungen haben ergeben, daß zwischen Erst- und Zweittest oft erhebliche Rangplatzverschiebungen erfolgen und daß der Zweittest (Posttest) in der Regel bessere Übereinstimmungen mit dem Lehrerschätzurteil der Intelligenz, aber auch mit Zensuren und künftigen Zensurenentwicklungen zeigt, also insgesamt eine höhere Gültigkeit aufweist.

Obwohl sich in Langzeitlerntests die Idee des Lerntests noch am besten widerspiegelt, ist ihre Anwendung mit Schwierigkeiten verbunden, da sie sehr zeitaufwendig sind. In stationären Einrichtungen (Kliniken, Heimen) ließen sie sich aber im Rahmen einer dort angestrebten vertieften Diagnostik durchaus anwenden. Bei der ambulanten Untersuchung, bei der der Psychologe unter einem oft nicht unerheblichen Zeitdruck steht, dürfte der Einsatz von Langzeitlerntests in der Sprechstunde schwierig sein. Es besteht allerdings die Möglichkeit, daß man dem Testanden die Programmhefte zur Selbstbearbeitung sozusagen als »Hausaufgabe« mit nach Hause gibt und die relativ wenig zeitaufwendigen Prä- und Posttests in der Sprechstunde durchführt. (Hier leiden dann allerdings die für Tests erforderliche Bedingungskonstanz und Standardisierung.)

Vor allem wegen dieser Zeitökonomieproblematik, aber auch zum Zwecke einer größeren Individualisierung der »Pädagogisierungsphase« (Anpassung an das jeweils getestete Individuum) wurden die Kurzzeitlerntests (KZL) entwickelt, die zweite Hauptvariante der Lerntests. Im Unterschied zum Langzeitlerntest (LZL) wird im Kurzzeitlerntest (KZL) wie im herkömmlichen Intelligenzstatustest nur eine »Testsitzung« durchgeführt. Die »Pädagogisierung« wird durch den systematischen Einbau von Rückinformationen und Denkhilfen in den Testprozeß realisiert. Die Lernpsychologie hat schon seit langem erkannt, daß Rückinformationen (Feedback) das Lernen entscheidend fördern. In herkömmlichen Intelligenztests (vor allem in Gruppentests) erfährt der Testand nicht, ob seine Lösungsvorschläge richtig oder falsch sind. Auch in der Einzeltestung soll der Psychologe zwar gelegentlich bei guten Lösungen loben, aber eigentlich verstößt er damit gegen die für Experimente geltende Forderung der Bedingungskonstanz. Denn wenn er das Lob oder die Richtigmeldung nicht für jeden Testanden in gleicher Form und Häufigkeit einsetzt, schafft er jeweils andere motivationale Bedingungen, was sich durchaus auf die Testergebnisse auswirken kann. Bei Fehlern soll der Psychologe allgemein nicht reagieren, sondern möglichst freundlich lächelnd die nächsten Aufgaben »servieren« (wenn nicht eine Aufgabenwiederholung vorgesehen ist, was selten der Fall ist). Der Intelligenztest ähnelt somit einer üblichen Prüfung. Dies gilt trotz der Aufforderung in Testanweisungen, keine Prüfungsatmosphäre entstehen zu lassen, und trotz des ständig lächelnden und aufmunternden Gesichts des Psychologen auch bei weitgehendem Versagen des Testanden. In gewisser Hinsicht ähneln Tests sogar einer schlechten Prüfung, bei der durch den Prüfer bei Versagen keine gezielten Denkhilfen und Lösungshinweise gegeben werden. In den meisten Intelligenztests sind diese sogar ausdrücklich verboten. Ganz anders nun im Kurzzeitlerntest. Hierbei wird bei Versagen der Testand ehrlich über die Minuslösung informiert, gleichzeitig wird ihm aber die Möglichkeit gegeben, die Aufgabe noch einmal zu probieren. In der Variante I der KZL werden solche systematischen Rückinformationen in den Test eingebaut. Man geht hierbei von der auch vielfach bestätigten Erwartung aus, daß ein Testand allein schon durch die Verarbeitung dieser Rückinformationen aus seinen Fehlern beim Testablauf für die nachfolgenden Testaufgaben lernen kann. Dieser Lerneffekt ist allerdings noch größer, wenn man in Variante II des KZL bei Fehlern noch zusätzliche Denkhilfen, also Lösungshinweise vermittelt. All diese Rückinformationen und Denkhilfen werden aber streng standardisiert verabfolgt, um die Vergleichbarkeit der Testprozeduren für alle Testanden zu garantieren. Ausgewertet wird in diesen Tests dann nicht nur, wieviel Aufgaben jemand selbständig richtig gelöst hat, sondern auch, wieviel er nach diesen Hilfestellungen noch lösen konnte und wieviel Hilfen er insgesamt benötigt hat.

Zur Veranschaulichung des Typs I der KZL soll jetzt kurz der *Mengenfolgentest* (MFT Guthke 1983) vorgestellt werden.

Das Verfahren prüft Lernvoraussetzungen für den Mathematikunterricht bei Schulanfängern und gehört daher zur Kategorie der Schulfähigkeitstests. Der Testand hat die Aufgabe, nach der Vorstellung der drei Anfangsglieder einer Mengenfolge – z.B. 6, 5, 4 – (dargestellt auf Karten mit Bärchen, s. Abb. 12) die Fortsetzung der Folge unter Nutzung eines Repertoires von zur Auswahl ausgelegten Bärchenkarten zu »erraten«. Nach jedem »Rateversuch« bekommt das Kind die Rückinformation, ob die ausgewählte Karte richtig oder falsch ist. Bei Falschantworten wird sie umgedreht. Das Kind kann dann unter den verbleibenden Karten weiter raten, bis es die richtige Reihenfolge aller Karten gefunden hat. Lern-

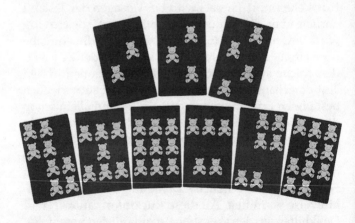

Abbildung 12: Eine Aufgabe aus dem Mengenfolgentest (MFT Guthke). Die mit den oben gelegenen drei Karten begonnene Folge ist mit drei Karten aus dem Antwortangebot (unten) richtig fortzusetzen.

intensiv ist der Test nicht nur deswegen, weil der Testand innerhalb der Abarbeitung jeder einzelnen Aufgabe (insgesamt 9) aus seinen Fehlern lernen, Hypothesen bilden und korrigieren kann, sondern weil er auch aus der jedes Mal bis zum Erfolg geführten Bearbeitung der vorangehenden Aufgaben auch Erfahrungen für die Bearbeitung der folgenden Aufgaben sammeln kann.

Der Raven-Kurzzeitlerntest (RKL) ist ein Beispiel für KZL vom Typ II, bei dem neben Rückinformationen noch massivere Denkhilfen gegeben werden. Zielstellung des RKL ist die möglichst frühzeitige Erfassung von entwicklungsgefährdeten und eventuell sonderschulbedürftigen Kindern im letzten Vorschuljahr. Als Material benötigt man den Original-Test und eine Puzzle-Form des Tests aus Holz und Karten mit bereits eingezeichneten Lösungen. Basierend auf der Lerntheorie von Galperin (1972) wird bei Versagen in der konventionellen Erstdarbietung ein System dosierter und ständig massiver werdender Hilfen gegeben – und zwar zunächst auf der Ebene der Vorstellung, dann auf der Ebene der Handlung (mit der Puzzle-Form) und schließlich auf der Ebene der Nachahmung (mit den Bildkarten). Es wird registriert, ob das Kind ohne Hilfe beziehungsweise nach welchen Hilfen es die Lösung findet. Hilfen, Zeitverbrauch und Perseverationen (Klebenbleiben an einem bereits vom Testleiter als »nicht richtig« bezeichneten Lösungsvorschlag) werden registriert und bewertet.

Basierend auf Vorarbeiten von Wygotski und Ach sowie unter Bezugnahme auf neuropsychologische Testverfahren zur »künstlichen Begriffsbildung« *(concept formation, category tests)* entwickelten wir in Leipzig und Aachen für Schüler am Ende der 1. Klasse ein sogenanntes Diagnostisches Programm (zu diesem Terminus s. weiter unten) *Begriffsanaloges Klassifizieren* (s. Guthke, Wolschke, Willmes u. Huber 1992). Es handelt sich hierbei um einen KZL vom Typ II. In »Trainingsaufgaben«

werden in der Beispielaufgabe den Kindern zwei Mengen von Objekten angeboten. Die Objekte befinden sich in zwei Feldern mit Ausstanzungen. Das linke Feld enthält das gesamte jeweilige Objektangebot. Aus diesem entnimmt der Versuchsleiter nach einer gewissen Regel (die den künstlichen Begriff definiert, z.B. Kreise oder alle großen Objekte) die jeweils relevanten Objekte und legt sie in das rechte Feld. In der Analogieaufgabe soll das Kind die gleiche Aufgabe bei Nichtbeachtung jeweils irrelevanter Dimensionen (z.B. Farbe) selbständig lösen, wobei also das konkrete Vormachen entfällt. Die Komplexität wird systematisch durch Hinzunahme irrelevanter Details, Erhöhung der Anzahl der zuzuordnenden Objekte und schwierigerer »Begriffsbildungen« (zum Schluß inklusive Disjunktion: Vereinigungsmenge der großen und dreieckigen Objekte) gesteigert. In den Kontrollaufgaben am Ende eines jeden Aufgabenkomplexes entfällt die Vorgabe der Beispielaufgabe. Lernen wird in diesem Test provoziert durch die ständige Wiederholung des demonstrierten Lösungsprinzips in den Trainingsaufgaben, durch die systematische Schwierigkeitssteigerung und durch ein System gezielter Hilfen (z.B. Benennen der klassifikationsrelevanten Merkmale). Der Test ist in den letzten Jahren an ca. 2000 Normal- und Sonderschülern erprobt, psychometrisch überprüft (u. a. auch mit einem probabilistischen Testmodell) und normiert worden (vgl. Wolschke u. a. 1995). Das sprachfreie Verfahren bewährte sich besonders auch bei der Differentialdiagnose zwischen normalintelligenten sprachrückständigen und sowohl sprachrückständigen als auch intelligenzgeminderten Kindern am Ende der 1. Schulklasse.

In den Hilfsschulen der DDR wurden bei den Aufnahmewochen Prüfungslektionen durchgeführt. Hierbei handelt es sich ebenfalls um lerntestähnliche Prozeduren, die allerdings direkt auf die Schulfächer (Deutsch,

Mathematik, Heimatkunde) bezogen sind. Über die Anwendung des Lerntestkonzepts bei behinderten Kindern generell (also auch bei blinden, körperbehinderten, sprachgestörten, frühkindlich hirngeschädigten) kann sich der speziell interessierte Leser in Guthke und Wiedl (1996) informieren.

Über den Kinderbereich hinaus wurde das Lerntestprinzip in den siebziger und achtziger Jahren auch verstärkt in der Erwachsenendiagnostik angewandt. Hierbei ging es vor allem um die Beantwortung einer Frage, die im Rahmen der Diskussion um das »Lebenslange Lernen« von besonderer Bedeutung ist: Können auch noch ältere Erwachsene ihre intellektuelle Leistungsfähigkeit (wie sie in Tests gemessen wird) durch Training steigern? Diese Frage ist inzwischen durch Lerntestprozeduren eindeutig positiv beantwortet worden. Einfaches Üben und Wiederholen, vor allem aber auch Trainieren von Intelligenztestanforderungen (mit Denktrainingsprogrammen zwischen Prä- und Posttest) bewirkten einen Leistungsanstieg, der mindestens so stark ist wie der durchschnittliche Abbau, den man vom 60. bis zum 80. Lebensjahr in Längsschnittvergleichen beobachtet hatte (Baltes 1993). Solche Untersuchungen sind sehr wichtig, da man so der bei älteren Arbeitnehmern manchmal anzutreffenden Haltung »Ich bin zu alt, um das noch zu lernen« (z.B. neue Tätigkeitsanforderungen im Rahmen der Umstellung auf Computer) mit guten Argumenten entgegentreten kann. Allerdings darf auch nicht übersehen werden, daß diese Feststellung für gesunde Menschen gilt. Bei älteren Patienten mit Störungen des Nervensystems – etwa durch Cerebralsklerose oder Morbus Alzheimer – oder bei Patienten jeden Alters nach Schädel-Hirnverletzungen ist dagegen die Lernfähigkeit häufig noch stärker und eher beeinträchtigt als der Intelligenzstatus. Diese Erkenntnis gewann man bei der Anwendung von Lerntests in psychiatrischen und neurologischen Kliniken (vgl. Baltes u. a. 1992, Guthke u. Adler 1990, Roether 1986, Wolfram u. a. 1986), so daß Lerntests eine besondere Bedeutung bei der Differential- und Frühdiagnostik gerade bei solchen Erkrankungen besitzen.

Kommen wir nun zu einigen Entwicklungstrends bei der Konstruktion von Lerntests. Hierbei wird versucht, das Lerntestkonzept mit anderen Entwicklungstrends der Intelligenzdiagnostik, die oben bereits beschrieben wurden, zu kombinieren. Dies sind vor allem die kognitionspsychologische Fundierung des Itempools (also der verwendeten Aufgaben), der adaptive Testaufbau und die Anwendung von Computern.

Die ersten Lerntests basierten mehr oder minder auf herkömmlichen Intelligenztestaufgaben. Damit wurden aber auch die »Muttermale« der Intelligenztests mit übernommen. Das betrifft die oft praktizistisch-pragmatische Aufgabenkonstruktion ohne genügenden Bezug zu den Grundlagendisziplinen (z.B. Allgemeine Psychologie, Entwicklungspsychologie, bei den mehr unterrichtsbezogenen Lerntests zu Fachmethodiken und Didaktiken) und die alleinige Orientierung auf das Lösungsresultat (hier allerdings Lerngewinn neben Status) bei weitgehender Ausklammerung des Lösungsprozesses. Gegenwärtige Bemühungen gehen daher in zwei Richtungen:

1. Konstruktion von Lerntestaufgaben, bei denen man zunächst bestimmt, welche intellektuellen Anforderungen sie im einzelnen stellen (Anforderungsstrukturanalyse). Das kann beispielsweise durch eine logische Elementaranalyse geschehen: Welche logischen Operationen und Kombinationen fordert diese oder jene Aufgabe?

2. Stärkere Beachtung des Lernprozesses (nicht nur des Lerngewinns) und des gesamten Testablaufs, also nicht nur Registrierung von Prä- und Posttestwerten.

Diese Orientierungen haben ihre Parallelen in der seit Ende der siebziger Jahre entwickelten Förderdiagnostik beziehungsweise korrekturorientierten Diagnostik (s.u. a. Kornmann 1986, Probst 1979), in der vor allem eine engere Verschmelzung von Diagnostik und Förderung des Kindes angestrebt wird, die eine Analyse der Lösungsprozesse unter »Hilfestellungen« voraussetzt. Als eine besondere Variante der KZL entwickelten wir die *Diagnostischen Programme* (vgl. Guthke u. a. 1991), die die beiden genannten Hauptorientierungen realisieren sollen. Diagnostische Programme (DP) lassen sich am besten mittels Computer darbieten und auswerten, da die recht komplizierte Aufgabendarbietung und Testverlaufsanalysen den testenden Psychologen stark beanspruchen würden. Typisch für die Programme ist der systematische (hierarchische) Testaufbau vom Einfachen zum Komplizierten, wobei die in den ersten Testaufgaben geforderten und gegebenenfalls erst gelernten »Denkschritte« in den nachfolgenden Aufgaben als »Bausteine« wieder verwendet werden. Diagnostische Programme ähneln also in ihrem Aufbau den programmierten Lehrbüchern und simulieren einen Lernprozeß. 1995 hat die Forschungsgruppe des Autors eine *Adaptive computergestützte Intelligenz-Lerntestbatterie* (ACIL, vgl. Guthke, Beckmann, Stein, Vahle u. Rittner 1995) publiziert, die bei älteren Schülern (ab der 5. Klasse) den Kernfaktor der Intelligenz, nämlich »Schlußfolgerndes Denken« untersucht. Grundlage hierfür ist der bereits geschilderte Langzeit-Lerntest LTS (vgl. Guthke u. a. 1983), der nunmehr als Diagnostisches Programm (DP) sehr viel zeitökonomischer und mit einem neuen, theoretisch besser begründeten Itempool computergestützt dargeboten und ausgewertet wird.

Die einzelnen Aufgaben wurden aufgrund kognitionspsychologischer Analysen gewonnen, die hier nicht dargestellt werden können. Der Test verlangt das Fortsetzen von Figuren- und Zahlenfolgen und die Bearbeitung von Wortanalogien – alles Aufgaben, die sowohl nach faktoranalytischen als auch nach kognitionspsychologischen Analysen am besten geeignet sind, um schlußfolgerndes Denken in den drei Materialbereichen verbal, figural und numerisch zu untersuchen. Die Kombination des Lerntestprinzips mit dem Prinzip des adaptiven Testens, das eine individualisiertere, an das im Testprozeß jeweils gezeigte Leistungsvermögen des Testanden angepaßte Testung erlaubt, soll am Beispiel des Adaptiven Figurenfolgentests (ADAFI) – eines Untertests der ACIL – demonstriert werden.

Die Tests realisieren eine Verzweigungsregel (s. Abb. 13). Der Testand muß zunächst die Aufgaben 1 und 2 bearbeiten. Werden beide Aufgaben gelöst, können die Aufgaben 3 und 6 übersprungen werden, und das Computerprogramm zeigt die Aufgaben 7 und 8, die den Abschluß des Komplexitätsbereiches I (nur eine Dimension zu beachten, z.B. Form oder Farbe) bilden. Werden auch die Items 7 und 8 richtig gelöst, kann der nächste Sprung zu den Aufgaben 13 und 14 erfolgen, die sich bereits im Bereich II (2 Dimensionen – Farbe und Form – sind zu beachten) befinden. Solche »Sprünge« zu den sogenannten Zielitems oder Stützitems (in der Abbildung doppelt umrandet und noch einmal oben aufgeführt) gestatten sehr leistungsfähigen Schülern ein schnelles Durcharbeiten des Tests bis zum letzten Zielitem 32 (aus Platzgründen wird in der Abb. 13 der 3. Komplexitätsbereich nicht mehr dargestellt). Versagt ein Proband bei den »Doppel-Zielitems« (d.h. löst er auch nur eine Aufgabe nicht richtig), dann bekommt er zunächst keine Hilfe, sondern das Programm geht zurück auf leichtere Aufgaben. Wird zum Beispiel Aufgabe 7 oder 8 nicht gelöst, dann wird das leichtere Item 3 vorgegeben. Versagt er auch hier, werden Hilfen gegeben, und daraufhin erfolgt nochmals die Vorgabe eines Items mit gleichem Informationswert

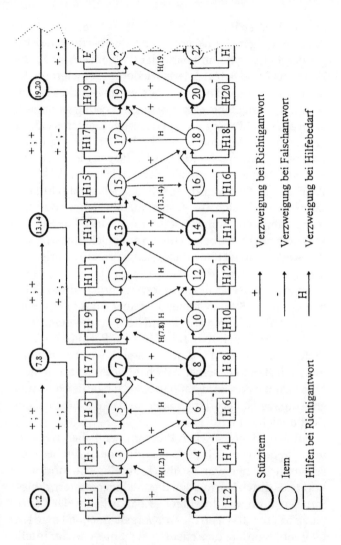

Abbildung 13: Graph der Verzweigungsstruktur des Adaptiven Figurenfolgenlerntests (ADAFI, Guthke u.a. 1991)

(Nr. 4). Löst er Item 3 gleich richtig, bekommt er sofort das schwierigere Item 6 vorgesetzt, und bei dessen richtiger Bearbeitung kommt dann der Proband erneut zu den Zielitems 7 und 8. Hat er jetzt wiederum Schwierigkeiten mit der Lösung, bekommt er nun ein abgestuftes Hilfensystem vorgelegt, bis er zur richtigen Lösung gelangt. Er kann aber nicht mehr zu den nächsten Zielitems (13, 14) springen, sondern muß den leichteren, aber längeren Weg über die Items 9 und 12 (bei Versagen hier auch über 10 und 11) gehen. Es gibt also sehr viele unterschiedliche Wege durch das Programm, sehr schnelle und sehr langsame, je nach sich im Testablauf abzeichnender Leistungsfähigkeit, immer wieder die Chance bietend, bei Versagen nochmals bei leichteren oder gleichschwierigen Items oder durch Hilfen das Lösungsprinzip zu erlernen. Das Hilfensystem, das hier nicht im Detail dargestellt werden kann, ist bei den drei Tests natürlich unterschiedlich gestaltet. Kennzeichnend ist aber für alle Hilfensysteme, daß die Hilfen jeweils auf den Typ des gemachten Fehlers Bezug nehmen. So wird zum Beispiel im Figurenfolgentest (ADAFI) darauf reagiert, welche Dimension der Testand bei seiner Falschantwort nicht beachtete. Diese Dimension wird dann in einer »abgerüsteten« neuen Aufgabe isoliert dargeboten, so daß die Lösungseinsicht erleichtert wird.

Bei den Diagnostischen Programmen haben wir auch neue Wege für die Gültigkeitsbestimmung der Tests beschritten. Bisher war es üblich, Intelligenz- und auch Lerntests durch Korrelation der Intelligenztestergebnisse mit Zensuren und Intelligenzschätzurteilen der Lehrer zu validieren. Es ist an diesem Vorgehen schon lange Kritik geübt worden, da Zensuren nicht nur von der Intelligenz der Schüler abhängen und Lehrerurteile sehr subjektiv sind. Man fordert daher heute allgemein eine mehr theoriebezogene, sogenannte Konstruktvalidierung von Tests. Dabei werden bestimmte Hypothesen abgeleitet, deren Prüfung zur experimentellen Validierung der Tests beiträgt. Zum Beispiel haben wir die Hypothese überprüft, daß Lerntests besser als Statustests den Wissenserwerbsprozeß bei komplexen Problemstellungen vorhersagen. Zu diesem Zweck wurden Schülern computergestützte Problemszenarien vorgegeben, beispielsweise mußten sie durch Ausprobieren die Wirkungsmechanismen einer fiktiven Maschine (s. Beckmann u. Guthke 1995) erkennen und dann diese Maschine nach bestimmten Zielvorgaben steuern. Es stellte sich nun tatsächlich heraus, daß Lerntests – etwa die eben vorgestellte ACIL – besser als ein üblicher Status-Figurenfolgentest die Leistungsfähigkeit der Kinder beim Wissenserwerbsprozeß und bei der Steuerung der Maschine voraussagen konnten. In früheren Untersuchungen aus der Dörner-Gruppe und von Putz-Osterloh (s. S. 80ff.) war festgestellt worden, daß herkömmliche Intelligenztests mit der Leistungsfähigkeit bei diesen komplexen Problemstellungen unerwartet niedrig korrelierten.

In soeben abgeschlossenen Untersuchungen im Rahmen eines DFG-Projekts haben wir in experimentellen Lernversuchen auch mit lehrplanbezogenen Lernstoffen (Computerprogramme für Geografie und Mathematik) feststellen können, daß Lerntests die üblichen Statustests bei der Vorhersage des Lernerfolges sinnvoll ergänzen, da sie diagnostische Informationen enthalten, die nicht schon im herkömmlichen Test geliefert werden (für die Statistiker unter den Lesern: geprüft durch Regressionsanalysen).

Eine andere Hypothese war, daß die beschriebenen Basalkomponententests höher mit Lern- als mit Intelligenzstatustests korrelieren sollten. Diese Hypothese kann sowohl unter Bezug auf die bottom-up- als auch auf die top-down-Erklärung (s. hierzu S. 100) im Hinblick auf den Zusammenhang zwischen Intelligenztestbefunden und »Basalkomponenten-Tests« (ECTs) aufgestellt werden. Bei dem Bezug auf die bottom-up-Hypothese wird vermutet, daß Lerntests höher als Intelligenzstatustests mit den ECTs korrelieren, da sowohl Lerntests als auch ECTs den Anspruch erheben, »anlagenäher« und »milieuunabhängiger« als die Statustests die Intelligenz zu messen. Unter Bezug auf die top-down-Hypothese wird die höhere Korrelation darauf zurückgeführt, daß sowohl bei den ECTs (mit den meist vielen Wiederholungsversuchen) als auch bei den Lerntests im stärkeren Maße als bei den Statustests Lernprozesse evoziert werden. Tatsächlich haben wir bei den meisten Untersuchungen einen Trend (s. schon Guthke u. Caruso 1987) in der von der Hypothese nahegelegten Richtung – also Lerntests korrelierten höher als Statustestpendants mit verschiedenen ECTs – nachweisen können.

Diagnostische Programme (DP) müssen nicht immer computergestützt vorgegeben werden. Ich habe bereits das DP »Begriffsanaloges Klassifizieren« für jüngere Kinder beschrieben. In unserer Forschungsgruppe wurde von Harnisch (vgl. Guthke u. Harnisch 1986) ein DP zur Diagnostik der Fremdsprachenlernfähigkeit entwickelt, bei dem eine kleine »Kunstsprache« mit einer Lexik und sehr bescheidenen Syntax in einem Paper-and-Pencil-Test gelernt werden muß (s. Abb. 14).

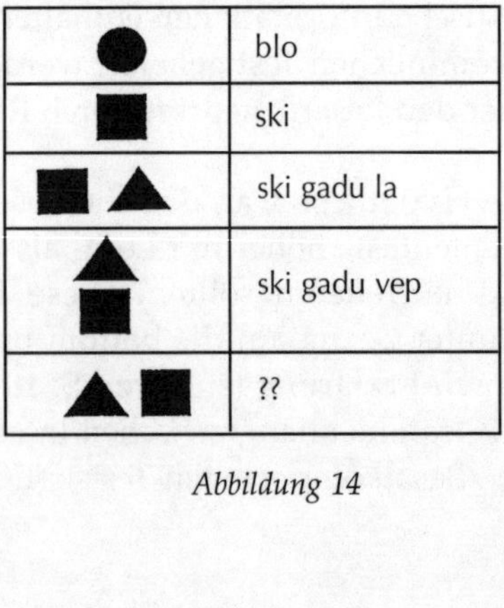

●	blo
■	ski
■ ▲	ski gadu la
▲ ■	ski gadu vep
▲ ■	??

Abbildung 14

Durch ständige Hilfen und Rückinformationen des Versuchsleiters sowie die Präsentation der jeweils bereits gelösten Aufgaben wird im Verlaufe des DP ein Lernprozeß evoziert. Untersuchungen in einem von der Deutschen Forschungsgemeinschaft unterstützten Projekt zeigten, daß dieser Lerntest – zu Beginn des Auslandsstudiums gegeben – besser als der in den USA weit verbreitete Fremdsprachenlerntest von Carroll bei amerikanischen Gaststudenten, aber auch bei Studenten aus anderen Ländern vorhersagen konnte, wie gut sie nach einem Jahr Deutschland-Aufenthalt die deutsche Sprache erlernen werden.

Neuropsychologisch fundierte Intelligenztestbatterien

Gegenwärtig erlebt weltweit (vor allem aber in den USA) die Biopsychologie und vor allem die Neuropsychologie einen Boom, da es mit den großen Fortschritten der bildgebenden Verfahren (z.B. Magnetoencephalographie-MEG, funktionelle Magnetresonanztomographie) nunmehr möglich ist, die Funktionsweise des Gehirns beim Denken und Fühlen ohne chirurgischen Eingriff zu studieren (vgl. Birbaumer u. Schmidt 1996). Bisher hatte man Einsichten in die »materielle Basis« intelligenter Leistungen fast nur durch das Studium hirnverletzter Patienten (s. Luria 1970) nach und während hirnchirurgischer Eingriffe sowie durch Tierversuche gewinnen können. Es geht bei diesen Studien meist um die Zuordnung bestimmter Hirnabschnitte beziehungsweise funktioneller Systeme im Gehirn (Luria) zu bestimmten Wahrnehmungs-, Motorik-, Sprach- und Denkleistungen. Die neuropsychologische Diagnostik, die vor allem auch eine Leistungs- und Intelligenzdiagnostik ist, entwickelte psychologische Tests und Verhaltensproben, die als Maß für die Funktionstüchtigkeit einer bestimmten Hirnregion oder eines Hirnprozesses dienen. Das Typische dieser neuropsychologisch fundierten Verfahren ist der Bezug auf eine bestimmte neuropsychologische Theorie (s. auch Übersichten bei Wittling 1983 und von Cramon, Mai u. Ziegler 1993). So hat der russische Neuropsychologe Luria vor allem aufgrund seiner Erfahrungen an hirnverletzten Soldaten des zweiten Weltkrieges seine neuropsychologische Theorie und neuropsychologische Proben hierzu erarbeitet, die neben der Intelligenz auch Wahrnehmung, Motorik, Gedächtnis, Sprache, Schreiben und Lesen erfassen. Diese zunächst nicht standardisierten Proben wurden von amerikanischen, dänischen und deutschen Psychologen in normierte und standardisierte Tests umgewandelt. Das Haupteinsatzfeld der Verfahren liegt in der Diagnostik von Ausfällen und Minderleistungen nach Hirnverletzungen und Schlaganfällen. Bekannt ist zum Beispiel, daß bei Rechtshändern nach Schädigung der linken Hemisphäre des Gehirns meist vor allem die sprachliche Intelligenz gestört ist, bei rechtshemisphärischer Schädigung dagegen mehr die anschauungsgebundenen Intelligenzleistungen. Auch das stärker analytisch-einzelheitliche und das mehr ganzheitliche Denken werden im Gehirn unterschiedlich lokalisiert. Darauf baut auch ein neues intelligenzdiagnostisches Verfahren auf, das seit Anfang der achtziger Jahre in den USA in Gebrauch ist, vor wenigen Jahren ins Deutsche übertragen wurde – die Kaufmann-Assessment Battery for Children (K-ABC, vgl. Melchers u. Preuß 1991) und keinesfalls nur für die Untersuchung hirngeschädigter Kinder gedacht ist. Abbildung 15 (s. S. 138 u. 139) informiert über den Aufbau dieser Testbatterie, die neben der Intelligenz im engeren Sinne auch stark fertigkeits- und wissensbezogene Leistungen prüft.

In Kanada und in den USA wird zur Zeit von der Arbeitsgruppe um Das (vgl. Das u. Naglieri 1992) ein neues intelligenzdiagnostisches Verfahren entwickelt, das sich ebenfalls sehr stark auf die neuropsychologische Theorie von Luria stützt. Im sogenannten PASS-Modell werden **P**lanungsprozesse (gekoppelt an die Tätigkeit des Frontalhirns), **A**ufmerksamkeits- und Aktivierungsprozesse (arousal – **S**tammhirn) und **s**imultanes oder **s**ukzessives Denken (Occipital-, Parietal- und Temporallappen des Cortex) unterschieden, die jeweils mit spezifischen Testaufgaben abgeprüft werden. Es ist zu erwarten, daß in der Zukunft insbesondere die mehr klinisch eingesetzte Intelligenzdiagnostik nicht mehr primär globale Fähigkeiten oder gar den IQ in den Vordergrund ihrer Messung stellt, sondern sehr differenziert und zum Teil auch elementar einzelne Wahrnehmungs-, Denk-, Planungs- und Sprachprozesse sowohl durch psychologische Tests als durch parallel eingesetzte bildgebende Verfahren direkt im Gehirn untersucht.

An dieser Stelle will ich die Vorstellung und Diskussion von Alternativvorschlägen und Ergänzungen zum herkömmlichen Intelligenztest abbrechen. Die Kritik am herkömmlichen Intelligenztest bedeutet nicht, daß ich die bisher gebräuchlichen Verfahren global verurteile – erst müssen die Alternativen ihre Bewährungsprobe noch bestehen, bevor wir die herkömmlichen Tests völlig abschaffen können. Gewisse Aufgaben, etwa als schnell und grob informierende Verfahren für eine Intelligenzstatusdiagnose (z.B. bei der Begutachtung von Straftätern), als Untersuchungsverfahren im Rahmen wissenschaftlicher Längsschnittstudien (z.B. etwa zur Intelligenzentwicklung im Alter oder unter dem Einfluß verschiedener Bildungssystem), zur Homogenisierung von Versuchsgruppen und Kontrollgruppen in der Forschung und so weiter, – erfüllen sie durchaus befriedigend. Aber eine klinische und vor allem prognostisch angelegte Einzelfalldiagnostik mit dem Ziel der Hilfe bei Bildungswegentscheidungen und der Optimierung von

SKALA INTELLEKTUELLER FÄHIGKEITEN
ist das Gesamtmaß für Intelligenz in der K-ABC, stellt die Zusammenfassung der beiden folgenden Anteile intellektuellen Verarbeitens dar und ist begründet durch Theorie und Forschungsergebnisse der Neuropsychologie, der Neurologie und der kognitiven Psychologie.

FERTIGKEITENSKALA
ermöglicht die Messung erworbenen Wissens und Könnens eines Kindes auf der Grundlage seiner Umwelterfahrungen, individueller Motivation und anderer Einflußfaktoren.

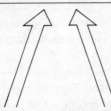

SKALA EINZELHEITLICHEN DENKENS
Problemlösung durch Vorgehensweisen, die serielles oder einzelheitliches Verarbeiten erfordern.

SKALA GANZHEITLICHEN DENKENS
Problemlösung erfordert ganzheitliche Organisation oder Analogieschlüsse.

SPRACHFREIE SKALA
Zusammenfassung sprachfrei durchführbarer Untertests als Sonderform des Verfahrens zur Untersuchung sprachbehinderter und fremdsprachiger Kinder.

Skala einzelheitlichen Denkens

- **Handbewegungen** (2;6–12;5) Folgen von Handbewegungen des Versuchsleiters sollen reproduziert werden.
- **Zahlennachsprechen** (2;6–12;5) Vorgesprochene Zahlenreihen sollen entsprechend wiederholt werden.
- **Wortreihe** (4;0–12;5) Zeigen auf konkrete Objekte, die zuvor genannt wurden.

Skala ganzheitlichen Denkens

- **Zauberfenster** (2;6–4;11) Abschnittsweise dargebotene bildliche Reize sollen erkannt und benannt werden.
- **Wiedererkennen von Gesichtern** (2;6–4;11) Ein oder zwei zuvor dargebotene Gesichter sind auf einem Gruppenbild wiederzuerkennen.
- **Gestaltschließen** (2;6–12;5) Das durch eine unvollständige »Tintenkleckszeichnung« dargestellte Objekt ist zu erkennen und zu benennen.
- **Dreiecke** (4;0–12;5) Gelb/blaue Dreiecke sind gemäß einer Vorlage anzuordnen.
- **Bildhaftes Ergänzen** (5;0–12;5) Analogietest mit konkreten und abstrakten Reizen.
- **Räumliches Gedächtnis** (5;0–12;5) Erinnern und Zuordnen der räumlichen Lage zuvor dargebotener Objekte.
- **Fotoserie** (6;0–12;5) Erschließen der richtigen Reihenfolge einer ungeordnet dargebotenen Bildersequenz.

Fertigkeitenskala

- **Wortschatz** (2;6–4;11) Erfassung des Wortschatzes mit Hilfe von Bildvorlagen.
- **Gesichter und Orte** (2;6–12;5) Erkennen und Benennen der Bilder von bekannten Personen und Objekten.
- **Rechnen** (3;0–12;5) Erfassen des Zahlenkonzepts und der Rechenfertigkeit durch bildlich veranschaulichte Zähl- und Rechenaufgaben.
- **Rätsel** (3;0–12;5) Erkennen und Benennen eines sprachlich definierten Konzeptes.
- **Lesen/Verstehen** (7;0–12;5) Ermittlung der Lesefertigkeit durch Handeln gemäß einer schriftlichen Handlungsanweisung.
- **Lesen/Buchstabieren** (7;0–12;5) Gemäß besonderer Indikation einzusetzender zusätzlicher Lesetest.

Abbildung 15: Aufbau der K-ABC

Förder-, Therapie- und Rehabilitationsmaßnahmen wird sich auf die Dauer nicht mit dem herkömmlichen Intelligenztest zufriedengeben können. Neue Testinhalte, die auch schöpferisches Denken, Alltagsproblemhandeln, die »Weisheit« und die Qualität der Wissensstrukturen erfassen, und neue Testprozeduren, die kognitionspsychologisch und neuropsychologisch begründet sind und die neben der momentanen Kompetenz auch die Potenz (Lernfähigkeit), neben dem Denkresultat auch den Denkprozeß berücksichtigen, werden die Intelligenztestungen der Zukunft bestimmen. Erste Versuche in diesen Richtungen wurden im Buch beschrieben.

TEIL III

Die »bell curve« und der Mißbrauch von Intelligenztests

1994 erschien in den USA das Buch des Politologen Murray und des Psychologen Herrnstein »The bell curve«, das innerhalb kurzer Zeit eine auch die Medien erfassende Welle der Ablehnung und Zustimmung zugleich erzeugte. Auch in Europa und in dessen Populärpresse (vgl. »Wochenpost«, H. 46, 1994 mit dem Titel: Intelligenzforschung: Sind Weiße klüger als Schwarze?) wurde das Thema des Buches aufgegriffen. In diesem wird zunächst behauptet, daß sich die Intelligenz in der Bevölkerung nach der Normalverteilung (Gauß-Kurve, engl.: bell curve) verteile – was noch nicht weiter problematisch ist und von den meisten Intelligenzforschern für wahrscheinlich gehalten wird –, dann aber auch, daß die immer wieder gefundenen Differenzen zwischen dem IQ weißer und schwarzer Amerikaner (von ca. 15 IQ-Punkten) genetisch bedingt sind. Alle Versuche, durch besondere Modellschulen in Slums für farbige und weiße »Unterschichtamerikaner« die IQs anzuheben, seien daher zum Scheitern verurteilt, mit Sozialprogrammen werfe man das Geld zum Fenster heraus, man solle lieber dafür sorgen, daß die meist schwarzen Unterschichtmütter nicht so viele uneheliche Kinder bekommen und daher durch Kürzung oder Streichung der Zuwendungen für diese den finanziellen Anreiz zur Kinderzeugung beseitigen. Murray und Herrnstein haben mit diesen Thesen keinesfalls nur bei konservativen Republikanern Anklang gefunden, sondern Murray wurde auch als Sozialberater von Präsident Clinton empfangen, der eigentlich gegen eine immer mächtiger werdende konservative Opposition zumindest Elemente des Sozialprogramms retten möchte.

Nun ist die Nutzung von Intelligenztests und von Untersuchungsergebnissen mit diesen für die angeblich wissenschaftliche Unterstützung von rassistischen und ultra-konservativen gesellschaftspolitischen Positionen wahrlich keinesfalls neu. Auch die Thesen des Buches von Herrnstein und Murray sind schon sehr alt und wurden nur – einem »Zeitgeist« (konservative Wende in den USA) folgend – wieder aufgefrischt und sehr erfolgreich vermarktet. Schon lange gibt es auch die Auseinandersetzung mit diesen Thesen und überhaupt mit dem Mißbrauch von Tests generell und speziell von Intelligenztests. Der interessierte Leser sei hierzu auf die Bücher von Liungman (1973), Friedrich (1979), Kamin (1979), Guthke (1980) und Grubitzsch (1991) verwiesen. Da im Vordergrund dieses Buches die »fachinterne Kritik« am Intelligenztest und nicht die gesellschaftspolitischen Diskussionen um Testwicklung und Testgebrauch standen, werde ich in der Folge hierzu nur einige wenige, vorwiegend historische Erörterungen anschließen, die vor allem demonstrieren sollen, daß die Murray-Herrnstein-Thesen sehr alte Wurzeln haben. Bereits der erste Testkonstrukteur Francis Galton vertrat die Auffassung, daß »die geistige Leistung erbbestimmt sei und sich sozialer Rang nach genetischem Potential einstelle« (zit. nach Grubitzsch 1991, S. 73).

Die Testkonstrukteure der Army-Tests – Terman, Yerkes und Brigham – popularisierten nach dem ersten Weltkrieg, als die USA sich einer Einwandererwelle gegenüber sah, folgende Idee zur »Reinhaltung der amerikanischen Nation«: Da der Test die Intelligenzanlage messe, könne man unter den Einwanderern jene auswählen, die würdig seien, in den USA zu wohnen, und jene ablehnen, die aufgrund ihres IQ nur zur »Verschlechterung der amerikanischen Intelligenz« beitragen und als potentielle Almosenempfänger und Unruhestifter dem Staat zur Last fallen würden. Die genannten amerikanischen Psychologen vertraten diese Auffassungen in der neu gegründeten Eugenischen Gesellschaft und bei einer Anhörung vor einer Senatskommission. Einige von Kamin übernommene Zitate sollen das Gesagte unterstreichen. Kamin bezieht sich vor allem auf das 1923 erschienene Buch »A Study of American Intelligence« von Brigham, in dem dieser die Daten aus den Intelligenztestungen von vielen hunderttausenden Rekruten unterschiedlicher nationaler Herkunft auswertete. Im Vorwort des Buches bestätigt Yerkes dem Autor Brigham, daß er mit seinen Untersuchungen »der Psychologie, Soziologie und vor allem unseren Gesetzesmachern einen beachtlichen Dienst erwiesen hat« (ref. nach Kamin 1979, S. 34), denn »unsere Nation« sei mit zwei außerordentlich wichtigen Aufgaben konfrontiert: »nämlich mit dem Schutz der moralischen, geistigen und physischen Qualität ihrer Menschen und der Reformierung ihres industriellen Systems«. Brigham versuchte aufgrund von überaus fragwürdigen Interpretationen seiner Testresultate Schlußfolgerungen zu den unterschiedlichen Intelligenzanlagen von Angehörigen verschiedener Völker und Rassen zu ziehen. Dabei beachtete er weder, daß die Testergebnisse von kraß unterschiedlichen Lebens- und Schulbedingungen der Testanden geprägt waren, noch konnte er repräsentative Völkerstichproben untersuchen. Er verwechselte also Intelligenzstatus (Intelligenz B) und Intelligenzanlage (Intelligenz A) und beging massive methodische Fehler. Es ist zu vermuten, daß er nicht nur unwissentlich irrte, sondern auch wissentlich im Sinne seiner Auftraggeber die Ergebnisse falsch interpretierte. Ansonsten hätte ihn ein Ergebnis sehr stutzig machen müssen: Ausländer, die 20 Jahre und länger in den USA lebten, erwiesen sich als genauso intelligent wie gebürtige Amerikaner. Aber er wurde nicht stutzig, sondern schrieb, »... daß wir von Natur aus vorhandene oder angeborene Intelligenz messen« und folgerte aufgrund der Testunterschiede, »... daß unsere Testergebnisse eine genuine intellektuelle Überlegenheit der nordischen Gruppe [Deutsche, Engländer, Skandinavier, der Verf.] aufzeigen ...« Besonders schlecht sei es um die Intelligenz der Neger und Osteuropäer bestellt. Daher forderte Francis Kinnicut von der Liga für Einwanderungsbeschränkung vor einem amerikanischen Senatskomitee für Immigration, »daß die Immigration von Süd- und Osteuropa weiter begrenzt wird, ... da bewiesen ist, daß sie weiterhin einen sehr niedrigen Intelligenzgrad aufweisen ... Ein großer Teil dieser Immigranten ... besteht aus jüdischen Elementen ... einige ihrer Gewerkschaften gehören zu den radikalsten im ganzen Lande.«

Bei einem anderen Hearing äußerte ein gewisser Dr. Sweeney: »Wir wurden von einer Horde von Unfähigen überrannt. Wir hatten keinen Maßstab ... Durch die psychologischen Tests bekommen wir einen Maßstab. ... Alles, was man dazu braucht, ist ein Stab von zwei oder drei trainierten Psychologen an jedem Hafen.« »Wir müssen das Immigrationsproblem von einem anderen Blickwinkel aus betrachten. Wir müssen uns dieser Aufgabe mit den neuen Waffen der Wissenschaft widmen ... Man kann jetzt genauso leicht die intellektuelle Ausstattung von jemandem berechnen, wie man seine Größe und Gewicht messen kann. Die Überprüfung von über 2 000 000 Rekruten hat diesen Standard getestet und verifiziert. Diese neue Methode wird uns dazu befähigen, die Wertvollen auszuwählen und die Wertlosen zurückzustoßen.« Deutlicher kann man es wohl nicht sagen, wozu man diese Tests mißbrauchen wollte und wozu sie dann in der Folge zum Teil auch tatsächlich mißbraucht wurden. Brigham bekam nach der Veröffentlichung seines Buches die Stelle des Sekretärs der Hochschul-Aufnahmeprüfungsbehörde (College Entrance Examination Board) und arbeitete in dieser Funktion an dem Scholastic-Aptitude-Test, welcher in den zwanziger Jahren das erste Ausleseinstrument für die Zulassung zu amerikanischen Universitäten wurde.

In den sechziger Jahren machte in den USA der sogenannten Jensen-Report – verfaßt von dem bekannten amerikanischen Lernpsychologen A.R. Jensen viel Furore. Ähnliche Auffassungen vertritt der bekannte englische Psychologe Eyssenck (s. hierzu kritisch Friedrich 1979). Er hatte nämlich aufgrund seiner Intelligenztestung an schwarzen und weißen Amerikanern die These aufgestellt, daß die beobachtete durchschnittliche Minusdifferenz von 15 IQ-Punkten zuungunsten der Schwarzen für deren anlagemäßige Minderausstattung spreche. Liungman (1973) nennt solche Behauptungen »einfach dumm«, da Jensen nicht beachtete, daß die oft unter Slumbedingungen aufgewachsenen und in schlechten Schulen unterrichteten Schwarzen natürlich auch in Tests in der Regel schlechter abschneiden als weiße Kinder. Auch wenn man das sozialökonomische Niveau vergleichbar macht – in amerikanischer Manier nach dem Dollareinkommen der Familie bestimmt – hat man doch keine Vergleichbarkeit der Umgebungsbedingungen erreicht. Die Kinder eines weißen Mittelstandslehrers wachsen in der Regel unter günstigeren kulturellen Anregungsbedingungen auf als die eines schwarzen Müllfahrers, wenn der letztere im Vergleich zum Lehrer vielleicht auch ein höheres Dollareinkommen hat. Hinzu kommt noch, daß die üblichen Intelligenztests in den USA auf die Sprach- und Denkformen der weißen Mittel- und Oberschicht abgestimmt sind, der auch die Testkonstrukteure entstammen (vgl. Ingenkamp 1969 in Roth 1969).

Herrnstein vertritt die Auffassung, daß der »technologische Fortschritt ... den Markt für den IQ« verändere. Es entstehe »eine technologische Arbeitslosigkeit«. Seine Konzeption »impliziert, daß bei fortschreitender Technologie in naher Zukunft die Tendenz, arbeitslos zu sein, in den Genen einer Familie so sicher weiterlaufen wird, wie etwa schlechte Zähne es heute schon tun«. Es werde sich »eine Schicht herausbilden, unfähig die gängigen Berufe auszuüben, außerstande, beim Wettlauf um Erfolg und Leistung mitzuhalten und aller Wahrscheinlichkeit nach von Eltern in die Welt gesetzt, die ihrerseits schon auf ähnliche Weise versagten« (ref. nach Friedrich 1979, S. 77). Diese Kassandra-Rufe sind nicht neu. Seit Galton befürchteten einige Intelligenzforscher eine Verschlechterung der menschlichen Intelligenz infolge der Tatsache, daß gerade die Eltern aus unteren Sozialschichten und mit geringerer beruflicher Qualifikation häufig die meisten Kinder haben. Dem steht nun gegenüber, daß bei Nachnormierungen gebräuchlicher Intelligenztests ein ständiges Anwachsen der IQ-Werte berichtet wird (s. Flynn 1987). Übrigens ist auch dies ein recht eindrucksvoller Beweis für die Abhängigkeit der Intelligenztestergebnisse von Bildungs- und Lebensbedingungen.

Auch in der jungen Sowjetunion kam es in den zwanziger und Anfang der dreißiger Jahre zu einer massenhaften Anwendung (1931 wurden über 1 Million Testungen durchgeführt) von intelligenzdiagnostischen Verfahren (vor allem Binet-Test) durch sogenannte Pädagogen. Dies waren meist Pädagogen mit einer sehr unzureichenden psychologischen Qualifikation. Das theoretische Fundament der Pädologen war sehr dürftig und stark endogenistisch orientiert, wenn auch nicht bestritten werden sollen, daß sie subjektiv durchaus ehrlich ihren Beitrag zur Entwicklung des Volksbildungswesens und der Industrie des Sowjetstaates leisten wollten.

Doch aufgrund ihrer falschen theoretischen Position haben sie Schaden angerichtet, der dann den »Pädologie-Beschluß« (genauer: »Dekret über pädologische Entstellungen im Bereich des Volkskommissariats für Volksbildung« vom 4. Juli 1936 des ZK der KPdSU) zur Folge hatte. Dieser Beschluß wird unter russischen Psychologen heute noch zum Teil unterschiedlich diskutiert. Der Auffassung, daß er damals zum Teil auch berechtigt war, um gefährliche Entwicklungen im Volksbildungswesen zu stoppen, wird entgegengehalten, daß er auch als generelles »Testverbot« wirkte und daß es als Folge dieses Beschlusses zu Behinderungen in der weiteren Entwicklung der Psychodiagnostik und der gesamten Psychologie kam (Einstellung von psychologischen Zeitschriften, Kritik an der so fruchtbaren kulturhistorischen Schule Wygotskis, s. o.).

Russische Psychologen haben hauptsächlich vier Kritikpunkte am pädologischen Mißbrauch der Intelligenztests betont. Die Testergebnisse wurden wie in der traditionellen »bürgerlichen« Psychologie als Indiz einer *angeborenen*, kaum veränderlichen *Begabung* interpretiert. Das führte unter anderem dazu, daß die Intelligenz von Kindern der Arbeiter und Bauern, aber auch der besonders rückständigen (z.B. asiatischen) Nationalitäten der UdSSR unterschätzt wurde. Dies war nicht nur im Sinne der Leninschen Nationalitätenpolitik und »unfair«, sondern damit wurde auch die dringend notwendige Industrialisierung des Landes behindert, da man vielen Menschen aufgrund ihrer relativ schlechten Intelligenzstatustestwerte und der Ergebnisse bei psychotechnischen Eignungsprüfungen auch die Lernfähigkeit für eine technische Berufsausbildung absprach. Gleichzeitig wurden immer mehr Spezialschulen für geistig Behinderte und sogenannte Psychopathen gefordert und eingerichtet. Der Test wurde im Arsenal der psychodiagnostischen Methoden *überbewertet*. Es erfolgte primär eine rein *mechanische* (quantitative) *Auswertung*, die qualitative Auswertung der Testergebnisse ließ dagegen zu wünschen übrig. Es gab keine gesetzlichen Grundlagen zur Testanwendung, so daß auch dürftig oder überhaupt nicht ausgebildete Leute Tests *unberechtigt und kritiklos* anwendeten.

Es ist interessant zu beobachten, daß 1979 fast mit denselben Argumenten im Staat Kalifornien durch Beschluß des Obersten Gerichtshofes die Anwendung von herkömmlichen Intelligenztests bei Begutachtungen nichtweißer Kinder für die Sonderschulen verboten wurde, da diese unterprivilegierte Kinder unfair untersuchen sollen. Allerdings hat ein anderes USA-Gericht (in Chicago) in einem anderen USA-Staat 1980 wieder die Zulässigkeit von Intelligenztest-Anwendungen erklärt (s. hierzu Haywood u. Tzuriel 1992). In einer demokratisch-pluralistischen Gesellschaft lassen sich im Unterschied zu einer Diktatur wissenschaftliche Streitfragen nicht durch einen Partei-, Gerichts- oder Regierungsbeschluß ein für alle Male »klären«.

Ich möchte meine Ausführungen zum Intelligenztestmißbrauch keinesfalls in dem Sinne verstanden wissen, daß ich die große Bedeutung genetischer Faktoren gerade für die Intelligenzentwicklung und damit auch für das Abschneiden in Intelligenztests leugnen wollte. Die gegenwärtige Forschungsliteratur zu dieser Frage – insbesondere die Ergebnisse vieler Zwillings- und Adoptionsstudien (s. hierzu Borkenau 1993, Weiss 1982) – lassen die genetische Mitverursachung der Intelligenz kaum bezweifeln, obwohl bisher noch keine »Intelligenzgene« identifiziert werden konnten. Ich wende mich lediglich mit der Mehrzahl der Psychologen – und übrigens auch Genetiker – dagegen, daß man manchmal durchaus feststellbare Unterschiede in den Ergebnissen von Intelligenzstatustests im Hinblick auf die rassische, nationale und soziale Herkunft der Testanden als Ausdruck genetisch hervorgerufener Differenzen deutet, obwohl man mit Intelligenzstatustests doch nur die Intelligenz B (und nicht die genetisch bedingte Intelligenz A) als Produkt von Anlage und Umwelt feststellt.

Noch eine Abschlußbemerkung: Intelligenzforschung und Intelligenzdiagnostik wurden lange Zeit so betrieben, als ob das Funktionieren des »Denkapparates« (»Intelligenzmaschinerie«, Dörner 1984) unabhängig bzw. isoliert von der denkenden und handelnden Gesamtpersönlichkeit mit ihren Zielen, Emotionen und Motiven untersucht werden könne. In einem gewissen Maße ist dies auch möglich und notwendig, da die wissenschaftliche Forschung und auch die Diagnostik erst auf der Basis exakter Analysen von »Bausteinen« der Persönlichkeit zu einer begründeten Synthese gelangen kann. Beachtet werden muß aber, daß die »Bausteine«, die isoliert im Laborexperiment oder Test untersucht werden, in der Realität immer im Komplex von psychischen Faktoren und Umgebungsbedingungen wirken. Dies muß der Psychologe bei der Interpretation eines Intelligenztestergebnisses stets berücksichtigen. In seiner Ausbildung wird er für diese Aufgabe vorbereitet. Unter diesem Aspekt betrachtet es der Autor mit großer Skepsis, wenn im betrieblichen und schulischen Kontext heute im immer größerem Umfang Tests und auch speziell Leistungs- und Intelligenztests durch nicht genügend qualifizierte Nichtpsychologen angewandt werden, oft auch noch im Rahmen von »Gruppentestungen«, bei denen die Bedingungen des Zustandekommens der Testleistungen überhaupt nicht kontrollierbar sind. Auch die in diesem Buch eher positiv dargestellte computergestützte Diagnostik hat hier ihre Gefahrenquellen, da sie noch größere Möglichkeiten eröffnet, daß nur notdürftig angeleitete Hilfskräfte in Kliniken, Beratungsstellen und Betrieben die Tests vorlegen und auswerten. Es bleibt auch unter diesem Aspekt zu hoffen, daß die in diesem Buch dargestellten Alternativen zum herkömmlichen Intelligenztest sich bald durchsetzen, da ihre meist größere »Kompliziertheit« die psychologischen Laien möglicherweise von der Testanwendung abhalten wird. Daß die zukünftige Intelligenztestkonstruktion in Richtung möglichst einfacher Intelligenztestung mit »Schnellverfahren« gehen wird, ist wohl bei der Kompliziertheit des »Diagnosegegenstandes« eher zu bezweifeln. Auch die gegenwärtig praktizierte psychologische Intelligenzdiagnostik ist ja schon weitaus komplizierter als die sogenannten Intelligenztests der älteren Psychiater, die mit einfachen psychometrisch unüberprüften »Bildungsfragen« und »Denkaufgaben« Straftäter und Wehrpflichtige untersuchten und dies auch heute noch manchmal tun sollen.

Literatur

Amelang, M. u. Bartussek, D. (1990): Differentielle Psychologie und Persönlichkeitsforschung. Stuttgart.

Amthauer, R. (1970): Intelligenz-Struktur-Test IST–70. Göttingen.

Baddeley, A.D. (1986): Working memory. Oxford.

Baltes, M., Kühl, K.P. u. Sowarka, D. (1992): Testing for limits of cognitive reserve capacity: A promise strategy for early diagnosis of dementia? Journal of Gerontology: Psycholog. Sciences 47: 165–167.

Baltes, P. u. Staudinger, U.M. (1993): Über die Gegenwart und Zukunft des Alterns: Ergebnisse und Implikationen psychologischer Forschung. In: Max-Planck-Gesellschaft (Hrsg.), Mehr Wissen – mehr Können. Berichte und Mitteilungen (S. 154–185).

Baltes, P.B. (1983): Zur Psychologie der Intelligenz im Alter – Nur Abbau oder auch Entwicklung? In: Max-Planck-Gesellschaft (Hrsg.), Max-Planck-Gesellschaft-Jahrbuch 1983 (S. 53–72). München/Göttingen.

Baltes, P.B. (1987): Theoretical Propositions of Life-Span-Developmental Psychology: On the Dynamics between Growth and Decline. Developmental Psychology 23: 611–626.

Baltes, P.B. (1993): The Aging Mind: Potentials and Limits. Gerontologist 33: 580–594.

Beckmann, J.F. u. Guthke, J. (1995): Complex problem solving, intelligence, and learning ability. In: P.A. Frensch u. J. Funke (Eds.), Complex problem solving: The European perspective (pp. 177–200). Hillsdale, NJ: Lawrence Erlbaum Associates.

Beckmann, J.F., Guthke, J. u. Vahle, H. (1996): Zum Zeitverhalten in Adaptiven Intelligenz-Lerntests. Diagnostica (im Druck).

Berg, M. u. Schaarschmidt, U. (1984): Überlegungen zu neuen Wegen in der Intelligenzdiagnostik, Wiss. Zeitschrift der Humboldt-Universität Berlin. Mathemat.-naturwissenschaftliche Reihe 6, 565–573.

Berg, M. u. Schaarschmidt, U. (1994): Diagnosticum für bildlich angeregte kognitive Leistungen (BILKOG). Göttingen: Hogrefe.

Birbaumer, N. (1975): Physiologische Psychologie. Berlin: Springer.

Birbaumer, N. u. Schmidt, R.F. (1996): Biologische Psychologie. Berlin: Springer.

Bogojawlenskaja, D.B. (1976): Zur Diagnostik der intellektuellen Aktivität. Voprosy psychologii, Moskau (russ.).

Boring, E.G. (1923): Intelligence as the tests test it. New Republik, 34, 35–37.

Borkenau, P. (1993): Anlage und Umwelt. Göttingen: Hogrefe.

Budoff, M. (1978): Begutachtung auf der Grundlage des Lernpotentials: Eine Teststrategie zur Erhöhung der Relevanz psychodiagnostischer Daten für Pädagogen. In: G. Clauß, J. Guthke u. G. Lehwald (Hrsg.), Psychologie und Psychodiagnostik lernaktiven Verhaltens (S. 61–67). Berlin: Gesellschaft für Psychologie der DDR.

Cramon, D.Y.v., Mai, N. u. Ziegler, W. (1993): Neuropsychologische Diagnostik. Weinheim: VCH Verlagsgesellschaft.

Das, J.P. u. Naglieri, J. (1992): Assessment of attention, simultaneous-successive coding and planning. In: H.C. Haywood u. D. Tzuriel (Eds.), Interactive Assessment (pp. 207–232). New York: Springer.

Deaborn, W.F. (1921): Intelligence and its measurement, 12, 210–212.

Dörner, D. (1984): Denken, Problemlösen und Intelligenz. Psychologische Rundschau, 35 (1), 1–9.

Dörner, D. (1986). Diagnostik der operativen Intelligenz. Diagnostica, 32, 209–309.

Dörner, D., Kreuzig, H.W., Reither, F. u. Stäudel, T. (1983):

Lohhausen. Vom Umgang mit Unbestimmtheit und Komplexität. Bern: Huber.

Downs, S. (1985): Testing Trainability. Oxford: NFER Nelson.

Ebbinghaus, H. (1897): Über eine neue Methode zur Prüfung geistiger Fähigkeiten und ihre Anwendung bei Schulkindern. Zeitschrift für Psychologie, 13, 401–459.

Eysenck, H.J. (1980): Intelligenz, Struktur und Messung. Berlin/New York: Springer.

Eysenck, H.J. (1988): The concept of »intelligence«: Useful or useless? Intelligence, 12, 1–16.

Facaoaru, C. (1985): Kreativität in Wissenschaft und Technik. Bern: Huber.

Fagan, J.F. (1992): Intelligence: A theoretical Viewpoint. Current Directions. Psychological Science, 1 (3), 82–86.

Feuerstein, R. (1972): Cognitive assessment of the socio-culturally deprived child and adolescent. In: L.J. Cronbach u. P.J. Drenth (Eds.), Mental tests and cultural adaption (pp. 256–275). The Hague, Netherland: Mouton.

Fischer, G.H. (1974): Einführung in die Theorie psychologischer Tests. Bern/Stuttgart: Huber.

Flynn, J.R. (1987): Massive IQ-Gains in 14 Nations: What IQ-Tests really measure. Psychological Bulletin, 101 (2), 171–191.

Frensch, P.-A. u. Funke J. (Ed.) (1995): Complex Problem Solving. The European Perspectives. Hillsdale: Erlbaum.

Friedrich, W. (1979): Zur Kritik bürgerlicher Begabungstheorien. Berlin: Deutscher Verlag der Wissenschaften.

Funke, J. (1986): Komplexes Problemlösen. Bestandsaufnahme und Perspektiven. Berlin: Springer.

Funke, J. (1992): Wissen über dynamische Systeme: Erwerb, Repräsentation und Anwendung. In: D. Albert, K.H. Stapf und W. Strobe (Hrsg.), Lehr- und Forschungstexte Psychologie. Berlin/Heidelberg/New York: Springer.

Funke, J. u. Fritz, A.M. (Hrsg.) (1995): Neue Konzepte und Instrumente zur Planungsdiagnostik. Bonn: Deutscher Psychologen Verlag.

Funke, U. (1995): Using Complex Problem Solving Tasks in Personell Selection and Training. In: P.-A. Frensch u. J. Funke (Eds.), Complex Problem Solving. The European Perspective (pp. 219–243). Hillsdale: Erlbaum.

Galperin, P.J. (1972): Die geistige Handlung als Grundlage für die Bildung von Gedanken und Vorstellungen. In: P.J. Galperin u. A.N. Leontjew (Hrsg.), Probleme der Lerntheorie (S. 33–49). Berlin: Volk und Wissen.

Gardner, H. (1983): Frames of mind. The theory of multiple intelligences. New York: Basic Book.

Grubitzsch, S. u. Rexilius, G. (1978): Testtheorie – Testpraxis. Hamburg: Rowohlt-Taschenbuch.

Grubitzsch, S. (1991): Testtheorie – Testpraxis. Hamburg: Rowohlt-Taschenbuch.

Guthke, J. (1972^1/1974^2/1977^3): Zur Diagnostik der intellektuellen Lernfähigkeit. Berlin: Deutscher Verlag der Wissenschaften/Stuttgart: Klett (3. veränderte Auflage).

Guthke, J. (1980): Ist Intelligenz meßbar? Berlin: Deutscher Verlag der Wissenschaften.

Guthke, J. (1983): Der Mengenfolgentest. Berlin: Psychodiagnostisches Zentrum der HUB.

Guthke, J. (1992): Lerntests auch für Hochbegabte? In: E.A. Hany u. H. Nickel (Hrsg.), Begabung und Hochbegabung (S. 125–143). Bern: Huber.

Guthke, J. u. Adler, C. (1990): Empirische Untersuchungsergebnisse zum »dynamischen Testen« bei der Psychodiagnostik von Hirnorganikern. Zeitschrift für Gerontopsychologie u. -psychiatrie, 3 (1), 1–12.

Guthke, J., Beckmann, J.F., Stein, H., Rittner, S. u. Vahle, H. (1995): Adaptive computergestützte Intelligenz-Lerntestbatterie (ACIL). Mödling: Dr. Schuhfried.

Guthke, J., Böttcher, H.R. u. Sprung, L. (1990/1991). Psychodiagnostik Band 1/2. Ein Lehr- und Arbeitsbuch für Psychologen sowie empirisch arbeitende Humanwissenschaftler. Berlin: Deutscher Verlag der Wissenschaften.

Guthke, J. u. Caruso, M. (1987): Basiskomponenten der intellektuellen Lernfähigkeit. In: U. Schaarschmidt (Eds.). Neue Trends in der Psychodiagnostik (S. 135–143). Berlin: Psychodiagnostisches Zentrum.

Guthke, J. u. Harnisch, A. (1986): Die Entwicklung eines diagnostischen Programms »Syntaktischer Regel- und Lexikerwerb – ein Beitrag zur Psychodiagnostik der Fremdsprachenlernfähigkeit«. Zeitschrift für Differentielle und Diagnostische Psychologie, 7 (4), 225–232.

Guthke, J., Jäger, C. u. Schmidt, I. (1983): Lerntestbatterie »Schlußfolgerndes Denken« (LTS). Berlin: Psychodiagnostisches Zentrum.

Guthke, J., Räder, E., Caruso, M. u. Schmidt, K.D. (1991): Entwicklung eines adaptiven computergestützten Lerntests auf der Basis der strukturellen Informationstheorie. Diagnostica, 37, 1–28.

Guthke, J. u. Wiedl, K.H. (1996): Dynamisches Testen. Göttingen: Hogrefe.

Guthke, J. Wolschke, P., Willmes, K. u. Huber, W. (1992): Leipziger Lerntest – Diagnostisches Programm zum begriffsanalogen Klassifizieren (DP – BAK). Heilpädagogische Forschung, XVIII (4), 153–161.

Gutjahr, W. (1971): Die Messung psychischer Eigenschaften. Berlin: Deutscher Verlag der Wissenschaften.

Guttmann, L. u. Levy, S. (1991): Two structural laws for intelligence tests. Intelligence, 15, 79–104.

Hacker, W. (1973): Allgemeine Arbeits- und Ingenieurpsychologie. Berlin: Deutscher Verlag der Wissenschaften.

Hamers, J.H.M., Siijtsma, K. u. Ruijssenaars, A.J.J.M. (Eds.) (1993): Learning Potential Assessment. Amsterdam: Swets & Zeitlinger.

Haywood, H.C. u. Tzuriel, D. (Eds.) (1992). Interactive Assessment. New York: Springer.

Hebb, D.O. (1949): The organization of behavior. New York: Wiley.

Heller, K.A. (1994): Können wir zur Erklärung außergewöhnlicher Schul-, Studien- und Berufsleistungen auf das hypothetische Konstrukt »Kreativität« verzichten? Empirische Pädagogik 1994/8, S. 361–398.

Heller, K., Gaedicke, A.K. u. Weinländer, H. (1976): Kognitiver Fähigkeitstest (KFT 4–13). Weinheim: Beltz.

Herrnstein, R.J. u. Murray, C. (1994): The bell curve. Intelli-

gence and class structure in American life. New York: Free Press.
Hesse, J. u. Schrader, H.C. (1985): Testtraining für Ausbildungsplatzsucher. Frankfurt: Fischer.
Hoffmann, B.C. (1962): The tyranny of testing. New York.
Hofstätter, P.R. (1957): Psychologie. Fischer Lexikon. Frankfurt: Fischer.
Holzmann, T.G., Pellegrino, J.W. u. Glaser, R. (1983): Cognitive variables in series completion. Journal of Educational Psychology, 75, 602–617.
Hustedt, H. u. Hilke, R. (1995): Einstellungstests, Fragebogen. Assessment Center und andere Auswahlverfahren. Niedernhausen/Ts.: Falken-Verlag GmbH.
Ingenkamp, K.H. (1981): Testkritik ohne Alternative. In: R.S. Jäger, K.H. Ingenkamp u. G. Stark (Hrsg.), Tests und Trends (S. 71–101). Weinheim: Beltz.
Ivanowa, A. (1973): Das Lernexperiment als Methode der Diagnostik der geistigen Entwicklung der Kinder (russ.). Moskau: Pedagogika.
Jäger, A.O. (1984): Intelligenzstrukturforschung: Konkurrierende Modelle, neue Entwicklungen, Perspektiven. Psychologische Rundschau, 35 (1), 21–35.
Jäger, A.O. (1986): Zwischenbilanz und Perspektiven der Intelligenzdiagnostik – ein Vorwort. Diagnostica, 32, 269–271.
Jäger, A.O. (1991): Beziehungen zwischen komplexen Problemlösen und Intelligenz – Eine Einleitung. Diagnostica, 37 (4), 287–290.
Jantzen, W. (1982): Diagnostik im Interesse des Betroffenen oder Kontrolle von oben? In: Diagnostik im Interesse der Betroffenen, Würzburg: Selbstverlag.
Jensen, A.R. (1982): Reaction time and psychometric intelligence. In: H.J. Eysenck (Ed.), A model for intelligence (pp. 93–132). Berlin: Springer.
Kalmykowa, S.J. (Hrsg.) (1975): Probleme der Diagnostik der geistigen Entwicklung der Schüler (russ.). Moskau: Pedagogika.

Kamin, L. (1979): Der Intelligenzquotient in Wissenschaft und Politik. Darmstadt: Steinkopff.

Kern, B. (1930): Wirkungsformen der Übung. Münster: Helios.

Klauer, K.J. (1987): Kriteriumsorientierte Tests. Göttingen: Hogrefe.

Klein, S. (1975): Lernfähigkeitsdiagnostik mit Hilfe von Unterrichtsmaschinen. Probleme und Ergebnisse der Psychologie, 51, 55–61.

Kliegl, R. u. Baltes, P.B. (1987): Theory-guided analysis of development and aging mechanisms through testing-the limits and research on expertise. In: C. Schooler u. K.W. Schaie (Eds.), Cognitive Functioning and Social Structures over the Life Course (pp. 95–119). Norwood: Ablex.

Klix, F. u. van der Meer, E. (1978): Analogical reasoning – an approach to cognitive microprocesses as well as to intelligence performances. Zeitschrift für Psychologie, 186, 39–47.

Klix, F. (1980): Erwachendes Denken. Berlin: Deutscher Verlag der Wissenschaften.

Klix, F. (1983): Begabungsforschung – ein neuer Weg in der kognitiven Intelligenzdiagnostik. Zeitschrift für Psychologie, 191, 360–387.

Klix, F. (1984): Denken und Gedächtnis. Über Wechselwirkungen kognitiver Kompartments bei der Erzeugung geistiger Leistungen. Zeitschrift für Psychologie, 192, 213–244.

Klix, F. u. Lander, H.J. (1967): Die Strukturanalyse von Denkprozessen als Mittel der Intelligenzdiagnostik. In: F. Klix, W. Gutjahr u. J. Mehl (Hrsg.), Intelligenzdiagnostik (S. 245–271). Berlin: Deutscher Verlag der Wissenschaften.

Kornmann, R. (1986): Förderungsdiagnostisch orientierte Variation der Testbedingungen bei ausgewählten Aufgaben des HAWIK. Zeitschrift für Heilpädagogik, 37 (10), 674–684.

Krampen, G. (1993): Diagnostik der Kreativität. In: G. Trost, K.H. Ingenkamp u. R.S. Jäger (Hrsg.), Tests und Trends (S. 11–39). Weinheim: Beltz.

Kubinger, K. (Hrsg.) (1988): Moderne Testtheorie. Weinheim und München: Psychologie Verlags Union.

Kubinger, K.D. u. Wurst, E. (1991): Adaptives Intelligenzdiagnostikum (AID) Manual. Weinheim: Beltz.

Kühn, R. (1987): Welche Vorhersagen des Schulerfolges ermöglichen Intelligenztests? Eine Analyse gebräuchlicher Verfahren. In: R. Horn, K.H. Ingenkamp u. R.S. Jäger (Hrsg.), Tests und Trends. München: Psychologie Verlags Union.

Kyllonen, P., C. u. Chrystal, R.E. (1990): Reasoning Ability is (little more) than working memory capacity? Intelligence, 14, 389–433.

Lafargue, P. (1961): Erinnerungen an Marx. In: K. Marx u. F. Engels (Hrsg.), Über Erziehung und Bildung. Berlin: Dietz.

Langfeld, M. u. Nagel (1982): Untersuchungen zur Konstruktvalidität der Grundintelligenztests (CFT) von Cattell und Weiss. Diagnostica, 1, 65–80.

Lehrl, S. u. Fischer, B. (1990): A basic information processing psychological parameter (BIP) for the reconstruction of concepts of intelligence. European Journal of Personality, S. 259–286.

Lehwald, G. (1985): Zur Diagnostik des Erkenntnisstrebens bei Schülern. In: W. Forst, W. Kessel, A. Kossakowski u. J. Lompscher (Hrsg.), Beiträge zur Psychologie. Berlin: Volk und Wissen.

Leontjew, A.N. u. Luria, A.R. (1964): Die psychologischen Anschauungen L.S. Wygotskis. Einführung in L.S. Wygotskis: Denken und Sprechen. Berlin: Akademie-Verlag.

Leontjew, A.N. (1931): Entwicklung des Gedächtnisses (russ.). Moskau/Leningrad: Pedagogika.

Lidz, C.S. (Ed.) (1987): Dynamic Assessment: An interactional approach to evaluating learning potential. New York: Guilford Press.

Lienert, G.A. u. Raatz, U. (1994): Testaufbau und Testpraxis. Weinheim: Beltz.

Lienert, G.A. (1964): Form-Lege-Test (FLT). Göttingen: Hogrefe.

Liungman, C.G. (1973): Der Intelligenzkult. Hamburg: Rowohlt-Taschenbuch-Verlag.

Lompscher, J. (Hrsg.) (1972): Theoretische und experimentelle Untersuchungen zur Entwicklung geistiger Fähigkeiten. Berlin: Volk und Wissen.

Luria, A.R. (1970): Die höheren kortikalen Funktionen und ihre Störung bei örtlicher Hirnschädigung. Berlin: Deutscher Verlag der Wissenschaften.

Mandl, H. u. Spada, H. (1988): Wissenspsychologie. Weinheim: Psychologie Verlags Union.

Masendorf, F. u. Klauer, K.J. (1986): Gleichheit und Verschiedenheit als kognitive Kategorien: Experimentelle Überprüfung durch ein Intelligenztraining bei lernbehinderten Kindern. Zeitschrift für Entwicklungspsychologie und Pädagogische Psychologie, 23, 46–55.

Mehl, I. (1967): Probleme und Methoden der Diagnose produktiver Befähigungen auf mathematisch-naturwissenschaftlichem Gebiet. In: F. Klix, W. Gutjahr u. J. Mehl (Hrsg.), Intelligenzdiagnostik. Berlin: Deutscher Verlag der Wissenschaften.

Melchers, P. u. Preuß, U. (1991): Kaufman-Assessment Battery for Children (K-ABC). Frankfurt/Main: Swets u. Zeitlinger.

Mentschinskaja, N.A. (Hrsg.) (1974): Besonderheiten des Lernens zurückbleibender Schüler. Berlin: Volk und Wissen.

Neisser, U. (1974): Kognitive Psychologie. Stuttgart: Huber.

Nettelbeck, T. (1987): Inspection time and intelligence. In: P.A. Vernon (Ed.), Speed of information processing and intelligence (pp. 295–346). Norwood, N.J.: Ablex.

Neubauer, A.C. (1993): Intelligenz und Geschwindigkeit der Informationsverarbeitung: Stand der Forschung und Perspektiven. Psychologische Rundschau 44, 90–105.

Oberauer, K. (1993): Die Koordination kognitiver Operationen – eine Studie über die Beziehung zwischen Intelligenz und »working memory«. Zeitschrift für Psychologie, 201, 57–84.

Obermann, C. (1994): Wer profitiert von Führungstrainings? Interindividuelle Determinanten des Lernerfolgs bei Füh-

rungstrainings. Dissertation (unveröff.), Ruhr-Universität, Fakultät für Psychologie.
Orlik, P. (1978). Soziale Intelligenz. In: K.J. Klauer (Hrsg.), Handbuch der Pädagogischen Diagnostik S. 341–355. Düsseldorf: Schwann.
Oswald, W.D. (1983): Neuere Ansätze in der Intelligenzforschung. Psychologie in Erziehung und Unterricht 30. S. 90–97.
Oswald, W.D. u. Fleischmann, U.M. (1983): Gerontopsychologie. Stuttgart: Kohlhammer.
Oswald, W.D. u. Roth, E. (1978): Der Zahlenverbindungstest (ZVT). Göttingen: Hogrefe.
Probst, H. (Hrsg.) (1979): Kritische Behindertenpädagogik in Theorie und Praxis. Solms-Oberbiel: Jarick.
Probst, H. (1981): Zur Diagnostik und Didaktik der Oberbegriffsbildung. Solms-Oberbiel: Jarick.
Putz-Osterloh, W. (1981): Über die Beziehungen zwischen Testintelligenz und Problemlöseerfolg. Zeitschrift für Psychologie, 80–100.
Rauchfleisch, U. (1994): Testpsychologie. Göttingen: Vandenhoeck & Ruprecht.
Raven, J.C. (1971): Standard Progressive Matrices. London: Lewis and C. Ltd.
Riemann, R. (1990): Persönlichkeitsfähigkeiten. Habilitationsschrift (unveröff.), Fakultät für Psychologie und Sportwissenschaften.
Rost, J. (1996): Lehrbuch Testtheorie, Testkonstruktion. Bern: Huber.
Roth, H. (Hrsg.) (1969): Begabung und Lernen. Stuttgart: Klett.
Roether, O. (1986): Lernfähigkeit im Erwachsenenalter. Leipzig: Hirzel.
Rubinstein, S.L. (1958): Grundlagen der Allgemeinen Psychologie. Berlin: Volk und Wissen-Verlag.
Rüppell, H. (1991): Der DANTE-Test. Diagnose außergewöhnlichen Naturwissenschaftlichen-technischen Erfindergeistes. QI = Qualität der Informationsverarbeitung (unveröff.). Universität Köln, Philosophische Fakultät.

Sarges, W. (1993): Eine neue Assessment-Center-Konzeption: das Lernfähigkeits-AC. In: A. Gebert u. U. Winterfeld (Hrsg.), Arbeits-, Betriebs- und Organisationspsychologie vor Ort. Bonn: Deutscher Psychologenverlag.

Schmidt, R. (1977): Intelligenz- und Leistungsmessung. Frankfurt: Campus.

Schmid, L.R. (1971): Testing the Limits im Leistungsverhalten: Möglichkeiten und Grenzen. In: E. Duhm (Hrsg.), Praxis der klinischen Psychologie. (S. 2–29). Göttingen: Hogrefe.

Schneider, B. (1987): Vorbereitung auf Intelligenz- und Leistungstests: Eine Gefahr für die Eignungsdiagnostik? In: R. Horn, K. Ingenkamp u. R.S. Jäger (Hrsg.), Tests und Trends (S. 3–26). Weinheim: Psychologie Verlags Union.

Schuler, H. (1988): Berufseignungsdiagnostik. Zeitschrift für Differentielle und Diagnostische Psychologie, 9, S. 201–213.

Schweizer, K. (1995): Kognitive Korrelate der Intelligenz. Göttingen: Hogrefe.

Seidel, R. u. Ulmann, G. (1978): Ansätze zu einem neuen Konzept der Intelligenz. In: R. Schmidt (Hrsg.), Intelligenzforschung und pädagogische Praxis. München: Urban & Schwarzenberg.

Selz, O. v. (1955): Versuche zur Hebung des Intelligenzniveaus. Ztschr. für Psychologie, 134, 236–301.

Sieber, G. (1983): Achtung Test. Hamburg: Rowohlt-Verlag.

Simons, H. u. Möbus, C. (1977): Veränderungen von Berufschancen durch Intelligenztraining (Diskussionspapier No. 8). Universität Heidelberg, Psychologisches Institut.

Snow, R.E. u. Lohman, D. (1989): Implications of cognitive psychology for educational measurement. In: R.L. Linn (Eds.), Educational Measurement. New York: MacMillan.

Spada, H. u. Reimann, P. (1988): Wissensdiagnostik auf kognitionspsychologischer Basis. Zeitschrift für Differentielle und Diagnostische Psychologie, 939, 183–192.

Sternberg, R.J. (1985): Beyond IQ, A triarchic theory of human intelligence. Cambridge: Cambridge University Press.

Sternberg, R.J. (Ed.) (1988): The nature of creativity. Cambridge: Cambridge University Press.

Süllwold, F. (1964): Das unmittelbare Behalten und seine denkpsychologische Bedeutung. Göttingen: Hogrefe.

Taschinski, R. (1985): Eine Untersuchung zur Kulturfairneß der Progressiven Matrizen von Raven gegenüber türkischen Kindern in Deutschland. Psychologie in Erziehung und Unterricht 32, 229–239.

Thorndike, R.L., Hagen, E.P. u. Sattler, J.M. (1986): Stanford Binet Intelligence Scale (4 ed.). Chicago: Riverside.

Ueckert, H. (1980): Das Lösen von Intelligenztestaufgaben. Göttingen: Hogrefe.

Urban, K. (1993): Neuere Aspekte der Kreativitätsforschung. Psychologie in Erziehung und Unterricht 40, 161–181.

Vernon, P. (1952). Practice and coaching effects on intelligence tests. Educational Forum, 23.

Vijver, F.R.J.v.d. (1993): Learning Potential Assessment from a cross-cultural perspective. In: J.H.M. Hamers, K. Sijtsma u. Riujssenaars (Eds.), Learning Potential Assessment (pp. 313–341). Amsterdam: Swets & Zeitlinger.

Wagner, R.K. u. Sternberg, R.J. (1986): Tacit knowledge and intelligence in the everday world. In: R.J. Sternberg u. R.K. Wagner (Eds.), Practical Intelligence. Nature and origins of competence in the everyday world. Cambridge: Cambridge University Press.

Wagner, R.K. (1987): Tacit knowledge in everyday intelligent behavior. Journal of Personality and Social Psychology, 52, 1236–1347.

Waldmann, M. u. Weinert, F.E. (1990): Intelligenz und Denken. Perspektiven der Hochbegabtenforschung. Göttingen: Hogrefe.

Weerdt, E.H. de (1927): A study of the improvability of fifth grade school children in certain mental functions. Journal of Educational Psychology, 18, 547–557.

Weinert, F.E. (1991): Kreativität – Fakten und Mythen. Pyscholgoie heute, 18 Jg. H. 9, S. 37ff.

Weinert, F.E., Helmke, A., Schneider, W., Decruyenaere, M., Janssen, P.J., Volet, S.E., Lawrence, J.A., Huber, G.L. u. Nisan, M. (1991): Individual differences and learning. In: H. Mandl, E.d. Corte, N. Bennett u. H.F. Friedrich (Eds.),

Learning and instruction: European Research in an international context (pp. 461–559). Oxford: Pergamon Press.

Weiss, R. (1971): Grundintelligenztest CFT 2. Braunschweig: Westermann.

Weiss, R. (1972): Grundintelligenztest CFT 3. Braunschweig: Westermann.

Weiss, V. (1982): Psychogenetik. Jena: Fischer.

Werfel, F. (1965): Der Abituriententag. Berlin: Aufbau-Verlag.

Westmeyer, H. (1976): Grundprobleme psychologischer Diagnostik. In: K. Pawlik (Hrsg.), Diagnose der Diagnostik (S. 71–103). Stuttgart: Klett.

Wiedl, K.H. (1984): Lerntests: Nur Forschungsmittel und Forschungsgegenstand? Zeitschrift für Entwicklungspsychologie und Pädagogische Psychologie, 16 (3), S. 245–281.

Winkelmann, W. (1975): Testbatterie zur Erfassung kognitiver Operationen (TEKO). Braunschweig: Westermann.

Wittling, W. (1983): Neuropsychologische Diagnostik. In: K.J. Groffmann u. L. Michel (Ed.), Enzyklopädie der Psychologie. Verhaltensdiagnostik (pp. 193–335). Göttingen: Hogrefe.

Witzlack, G. (1977): Grundlagen der Psychodiagnostik. Berlin: Deutscher Verlag der Wissenschaften.

Wolfram, H. Neumann, J. u. Wieczorek, N. (1986): Psychologische Leistungstests in der Neurologie und Psychiatrie. In: K. Seidel (Hrsg.), Beiträge zur Klinischen Neurologie und Psychiatrie. Leipzig: Thieme.

Wolschke, P., Willmes, K., Huber, W. u. Guthke, J. (1995): Unterschiedliches Lernverhalten von Kindern im ersten Schuljahr beim begriffsanalogen Klassifizieren im Leipziger Lerntest DP-BAK. Heilpädagogische Forschung, XXI (2), 97–110.

Wottawa, H. (1994): Veränderungen und Veränderbarkeit berufsrelevanter Eigenschaften im Ost-West-Vergleich. In: G. Trommsdorf (Hrsg.), Psychologische Aspekte des soziokulturellen Wandels in Ostdeutschland S. 216–228. Berlin, New York: de Gruyter.

Wygotski, L.S. (1964): Denken und Sprechen. Berlin: Akademie-Verlag.

Lösungen

1. Sphinx-Rätsel: Der Mensch
2. Lösungen der LTS-Aufgaben:
   Zahlenfolgen: 26 (Aufbauregel: +4, +2, −1)
   Analogien: Gast (a)
3. Lösung der schwierigen RAVEN-Aufgabe (Abb. 6):
   Das linke und mittlere Muster werden zusammengefügt, alles, was doppelt vorkommt, wird aber gelöscht.
4. Fremdsprachenlerntest (Abb. 13): gadu ski la

Wenn Sie weiterlesen möchten ...

Karl König
Kleine psychoanalytische Charakterkunde

„Mit Sachverstand und grosser klinischer Erfahrung führt König zu Beginn auf ebenso fesselnde wie informative Weise ein in die sechs gängigen Charaktertypen (narzißtisch, schizoid, depressiv, zwanghaft, phobisch und hysterisch), erläutert die jeweiligen Strukturen ihrer Objektbeziehungen und auch zentrale Beziehungswünsche. ... Erfahrung und Wissen werden ins Praxisfeld umgesetzt, in lebendige Bereiche transferiert wie Arbeitsverhalten, Urlaubs- und Freizeitverhalten; das Funktionieren der einzelnen Charakterstrukturen wird beschrieben in Institutionen – und auch im Alter. Und dabei komme es bei der LeserIn unweigerlich zu Aha-Erlebnissen, denn hier erkennt man Dinge und Zusammenhänge, über die man sich vielleicht schon öfters gewundert hat, sei es bei sich selbst oder KollegInnen, MitarbeiterInnen, bei der ChefIn ... Ein packendes, gut fundiertes Lesevergnügen für alle am Menschen Interessierten!" *Intra*

Karl König
Charakter und Verhalten im Alltag

Jede Charakterstruktur hat natürlich – wir sind freie, selbstbestimmte Menschen – eine ganze Bandbreite von Möglichkeiten, wie sie auf die Anforderungen des Lebens und die Mitmenschen reagieren kann. Aber das Grundmuster setzt doch bestimmte Grenzen, und die sind dann nahezu unüberwindbar.

Im Miteinander der unterschiedlichen Charaktere entfaltet sich das bunte Leben in aller Vielfalt. Wenn man Königs Blick folgt und genau hinsieht, wird es erklärlich und sogar vorhersehbar.

Udo Rauchfleisch
Testpsychologie

Dritte, aktualisierte Auflage dieser Orientierung über die Psychodiagnostik:

1. Allgemeine Probleme der Testpsychologie
- Aufgabenbereiche der Psychodiagnostik
- Sprache in der Testpsychologie
- Fehlerquellen im diagnostischen Prozeß
- Testaufnahme, -auswertung und -interpretation
- Gütekriterien

2. Überblick über die derzeit gebräuchlichen Tests und Verfahren, auch experimentelle Methoden zur Erfassung sozialer Prozesse

3. Zur Ausbildung in der testpsychologischen Diagnostik

Siegfried Zepf (Hg.)
Die Erkundung des Irrationalen

In exemplarischen Untersuchungen werden in diesem Band die Berührungspunkte, Überschneidungen und blinden Flecken zwischen psychoanalytischen und soziologischen Einsichten erkundet. Die Aufschlüsse, die daraus gewonnen werden, geben Erklärungen für die aufregendsten und bedrückensten Empfindungen und Verhaltensweisen unserer Zeit.
Inhalt: Siegfried Zepf: Statt eines Vorworts: Gegenstand und Fragebereich einer analytischen Sozialpsychologie / Siegfried Zepf: Menschliches Verhalten – Triebschicksal oder gesellschaftlich bestimmt? / Antje Haag: Ein Beitrag zum Wandel der Familie im 20. Jahrhundert / Siegfried Zepf: Bemerkungen zur gesellschaftlichen Produktion und Funktion zeichenregulierten Verhaltens / Hans-Dieter König: Auf dem Weg zur elternlosen Gesellschaft / Siegfried Zepf: Sexuelle Liebesbeziehungen und was sie heute sind – oder: Die unstillbare Sehnsucht ausgekühlter Herzen / Siegfried Zepf: Über die Gleichgültigkeit / Bernd Nitzschke: Identität und Verfolgung – Antisemitismus und Modernitätshaß.

VANDENHOECK TRANSPARENT

Für Menschen, „die auf wissenschaftliche Verläßlichkeit der Bücher ebenso Wert legen, wie auf ihren praktischen Nutzen."
Das Sonntagsblatt

37: Thomas Schleiff
Verse über die Ferse
Heitere christliche Körperkunde
1996. 125 Seiten, kartoniert.
ISBN 3-525-01815-0

36: Hans-Joachim Thilo
Unter den Narben tut es noch weh
Gratwanderung einer Generation
1996. 124 Seiten, kartoniert.
ISBN 3-525-01814-2

34: Ulrike S. / Gerhard Crombach / Hans Reinecker
Der Weg aus der Zwangserkrankung
Bericht einer Betroffenen für ihre Leidensgefährten
1996. 122 Seiten, kartoniert.
ISBN 3-525-01724-3

33: Udo Rauchfleisch
Musik schöpfen, Musik hören
Ein psychologischer Zugang
1996. 125 Seiten, kartoniert.
ISBN 3-525-01723-5

32: Michael Pabel
Drei Minuten über Gott und die Welt
Impulse und Besinnungen
1996. 126 Seiten, kartoniert.
ISBN 3-525-01810-X

31: Margaret Lincoln
Ich suche allerlanden eine Stadt
Stationen einer Pilgerreise
1996. 127 Seiten, kartoniert.
ISBN 3-525-01807-X

30: Harald Posininsky / Cornelia Schaumburg
Schizophrenie – was ist das?
Eine Krankheit und ihre Behandlungsmöglichkeiten
1996. 123 Seiten, kartoniert.
ISBN 3-525-01722-7

29: Rudolf Köster
Das gute Gespräch
Gesunden und Wohlbefinden im Dialog
1996. 124 Seiten, kartoniert.
ISBN 3-525-01721-9

28: Leopold Rosenmayr
Altern im Lebenslauf
Soziale Position, Konflikt und Liebe in den späten Jahren
1996. 124 Seiten, kartoniert.
ISBN 3-525-01720-0

VANDENHOECK TRANSPARENT

27: Christoph Schenk
Bewußtsein und Schlaf
Ein Brevier zur Entspannung
1996. 123 Seiten mit 6 Abbildungen, kartoniert.
ISBN 3-525-01719-7

26: Martin Koschorke
Die Liebe in den Zeiten der Wende
Aufzeichnungen aus der Eheberatung
1995. 118 Seiten, kartoniert.
ISBN 3-525-01813-4

25: Heinz Günther Klatt
Alle die Jahre – wo sind sie hin?
Erfahrungen mit dem Gedächtnis im Alter
1995. 109 Seiten, kartoniert.
ISBN 3-525-01812-6

24: Sigrid Lichtenberger
Als sei mein Zweifel ein Weg
Gebet-Gedichte
1995. 126 Seiten, kartoniert. ISBN 3-525-01811-8

23: Karl König
Kleine Entwicklungspsychologie des Erwachsenenalters
1995. 117 Seiten, kartoniert. ISBN 3-525-01718-9

22: Harry Stroeken
Tochter sein und Frau werden
Bericht von einer geglückten Psychoanalyse
1995. 124 Seiten, kartoniert. ISBN 3-525-01717-0

21: Rainer Schönhammer
Das Leiden am Beifahren
Frauen und Männer auf dem Sitz rechts
1995. 125 Seiten mit 3 Abbildungen, kartoniert.
ISBN 3-525-01716-2

20: Reinhard Deichgräber
Ich freue mich, daß es mich gibt
Vom Umgang des Menschen mit sich selbst
1995. 127 Seiten, kartoniert. ISBN 3-525-01809-6

19: Christel Gottwals
Wie das Licht eines neuen Tages
Gedanken und Geschichten zum Besinnen
1995. 126 Seiten, kartoniert. ISBN 3-525-01808-8

18: Thomas Schleiff
Der Vogel mit dem Doktorhut
Vergnügt-besinnliche Tiergedichte. 2. Auflage 1996. 121 Seiten mit 15 Illustrationen von Gretje Witt, kartoniert. ISBN 3-525-01806-1